# 中國文化與西方文明

## —— 從臺灣人的移民性格談起

### 魏　萼著

文 史 哲 學 集 成

文史哲出版社印行

# 文化使人和諧・文明使人幸福（代序）
## ── 經濟發展是文明的重心

　　文化與思想是人類經濟活動的大腦，古今中外皆如此。文化是文明的種子，文明是文化的花朵；文化使人和諧，文明使人幸福。文化因各民族、各地區、各時代等主客觀因素有所不同。文化有差異性，但沒有好惡之分，可是它所產生的文明表徵是有所不同的。

　　文明雖然不是人類的萬靈丹，但它是普世價值的標杆，也是全球現代化的具體內涵。其中經濟發展是人類幸福的主力，也是重心；經濟發展雖不是萬能，但若沒有經濟發展卻是萬萬不能。文化是經濟發展的另外一隻「看不見的手」；不同文化，它產生不同的經濟發展成果。因爲文化是經濟發展的動力。

　　自有人類歷史以來，就有文明發展的軌跡。這可從兩河流域的米索不達米亞開始，距今約爲五千五百年以前的事，這是當時世界文明的典範。繼之有埃及文明、希臘羅馬文明、印度文明、拜占庭文明、大唐文明、波斯文明、阿拉伯文明等。西方文藝復興以來的五百年則爲西歐、北美等地的基督文明時代，而將來是否爲東方的亞太儒家文明呢？這是有可能的。以上所述的人類文明有一個共同特性，那就是多元文化的融合，特別是東西方文化的互動與整合。

　　東西方文化並不衝突的，其所發展出來的文明花朵，卻是現代化普世價值的典範。文明的發展是動態的，十年河東、十年河西，這是歷史的經驗。東方文化偏向倫理、哲學，西方文化偏向法治、科學。若能兼而有之則是文明的方向。西方是以法、理、情為序，東方則以情、理、法為序。彼此發展方向互異，但殊途同歸。人類奮鬥的目標是邁向現代化的文明，因為文明使人幸服。其中經濟發展是人類文明的一個重要指標，也是重心之所在。孫中山先生思想的三民主義，它的排序應是民生、民權、民族，而不是民族、民權、民生的發展次序。這是「心物合一」論中先追求物質文明的解放，然後再追求精神文明的滿足。單純的唯心論或唯物論不足以達到人類文明的境界，尤其以唯心論為最。「去人慾、存天理」的道理常被東方的儒家思想和西方的基督教思想所誤導。其實人慾乃在天理當中，這個看法在務實的「清儒」中可以得到答案。在西方則以產業革命時期經濟學家亞當・史密斯的「國富論」中談得最為貼切。

　　東西方文化中均有所謂的人性的縱慾論、順慾論、節慾論、制慾論、禁慾論等五個看法但都有其理論基礎。這由不同的時空因素，有其不同倫理與法制的文明規範。

　　中國傳統文化以儒家思想為主軸，但儒家思想的一些腐朽與傳統封建主義相結合；復加上宗法制度的異化思維，致使中國傳統文化中的保守主義猖獗，缺乏社會正義，並形成「官貴民輕」的反常現象。此與中國文化孔孟思想「民貴君輕」的觀念相違背。這種現象在鴉片戰爭以後更是變本加腐，於是民不聊生。一九四九年以後的臺灣，國民黨的國民政府全力以赴的試圖恢復中國文化，並大力以孔孟思想為主力的

推動中華文化復興運動，於是臺灣經濟曾經創造了奇蹟，這是中國的希望。同理，一九七八年以後的大陸，中國共產黨的人民政府也推動了回歸中華文化，並且也「尊儒敬孔」為重心，於是中國經濟騰飛；中國已經崛起了。中國歷史上的黃河、長江屢經氾濫成災，但正常的黃河、長江等流水都是浩浩蕩蕩的向東流的。民國初年英國哲學家羅素曾說中國經過激情之後，必將回歸理性。理性的中國、中國人終將抬頭挺胸、頂天立地的在這個世界裡站起來。

中國經濟學說是以「藏富於民、民富國強」為主要，其基本精神以要以市場經濟為中心思想，而以政府經濟為輔助工具。中國經濟學說的優勢在於經濟「致中和」、「天人合一」的思想。它是「參天化育」的和諧文化，而不是「人定勝天」的抗爭文化。人與自然結合的關係，它是王道文化的結晶品。但是西方自從文藝復興以後的五百年來已創造了新的文明典範，而東方的中國經濟思想已被束之高閣，連中國的經濟學家都在懷疑自己。其中以鴉片戰爭以後的內憂外患，中國經濟蕭條、民生不振，致使國人民族自信心的低落。戰後的亞太經濟發展經驗又使中國人因中國的崛起而逐漸恢復對中國文化的信心和信念。中國經濟思想本乎「仁」與西方經濟思想本乎「愛」是各有其特色的。

中國經濟思想不但要貫通五家（儒、道、法、兵、墨），也要融通五家。孔孟思想的「百花齊放」以及司馬遷思想的「百科全書」彼此是相通、相融的。他們的思想精華是即物窮理，因時制宜，因地制宜的。期能達到物盡其用，地盡其利，人盡其才，貨暢其流等的工夫與境界；使其也能做到市場經濟與計劃經濟的調和，城市經濟與鄉村經濟的調和、富

人經濟與貧人經濟的調和，沿海經濟與內陸經濟的調和，國際經濟與國內經濟的調和等等。

　　儒、釋、道、法、墨、兵等東方思想融合而成的中華文化，它具有包融性、整合性等的兼容並蓄的特性。基本上是取各家之長而匯集成為一個完整的哲學、思想體系，然而它最大劣勢是缺乏科學性。因此它在理性的大旗幟下經常崇拜權威性的解說，這就是中華文化理性中的不理性。這尤其是儒家思想，它以理性為本源，聲稱放諸四海而皆準，其實經常有放諸四海而不準的惡果。理性與非理性經常在於一念之差。這欠缺科學的、法律的客觀理性標準，應該接受批評，檢驗、澄清，然後來接受。

　　儒家思想重視理性，此缺乏客觀的科學標準；法家思想重視法、勢、術等的功能，此難免淪入個人主觀的偏見；道家重視有所為，有所不為的崇高境界，此容易使人的惰性所屈服；墨家本乎兼相愛、交相利，此容易與現實的功利主義相結合，遠離實用理想主義的精義；兵家本乎制勝的思維，此必然會與理性相違背；佛家思想本乎慈悲，此缺乏經濟發展的積極性。上述各家經濟思想均有所偏頗。

　　中華文化是乃結合各家思想的精華所在並且一以貫之。其在思想、理論上是完美的，但在實踐上亦缺乏理性客觀的科學性。一般來說，中華文化有求美、求善的本能，但似乎在求真的工夫上有不足之處。這一方面的中國經濟要邁向技術密集和資本密集等境界則似有困難。此在在需要西方科學和技術的補強功夫。此外，西方的法治思想亦有可取之處。中國經濟若沒有哲學則經濟像跛子，反之中國經濟若沒有科學，則經濟像瞎子。這非結合哲學與科學不可。

　　臺灣經濟發展的經驗中接觸西方比較早,其發展的潛力仍大。臺灣經濟發展深受政治的干擾,然而臺灣海峽兩岸經濟交流是必然的趨勢。惟目前仍未能有重大的突破,甚為可惜。臺灣島內的「臺灣獨立」活動幾百年來始終不斷,尤以一九四七年「二二八事件」以後為最,如今則甚為嚴竣;這必需認真面對。

　　戰後的臺灣、香港、澳門等地的文明發展成績亮麗,已成為中華文藝復興的策源地,這尤其是臺灣的現代化模式最值得探討。一九七八年以後的中國崛起,這是二十一世紀世界的希寄。準此,鄧小平的貢獻將永垂中國歷史。中國的希望在臺灣,中國人的前途在大陸。因此在一個中國的原則下簽訂兩岸「和平協定」的方向甚為正確。胡錦濤所強調的兩岸和平發展的主軸將被肯定。

# 中國文化與西方文明

## ——從臺灣人的移民性格談起

# 目　　錄

圖一：陳立夫先生（右）主張以中國文化統一中國，並以中
　　　國文化的「四維」（禮義廉恥）取代中共的「四個堅持」。

圖二：鄧小平先生（右）談中國邁向改革與開放，加速市場
　　　經濟的道路。

　　　　（資料來源：美國史丹佛大學胡佛研究所當代中國檔案）

圖三：鄧小平先生談中國「藏富於民」與「民富國強」的經
　　　濟思想。(資料來源：美國史丹佛大學胡佛研究所當代中國檔案)

圖四：楊尚昆先生談臺灣的出路、中國的希望、中國
　　　人的前途。
　　　(資料來源：美國史丹佛大學胡佛研究所當代中國檔案)

圖五：楊尚昆先生談中國知識份子的良知與使命。
（資料來源：美國史丹佛大學胡佛研究所當代中國檔案）

# 第一章　臺灣人的移民性格
## ── 柔順而有堅持

## 第一節　臺灣人柔順而有堅持

臺灣是個移民的社會，歷經許多外來的政權統治，四百年來島內有關統獨之爭論不斷。其中最劇烈者莫過於今日的臺灣。這應與一九四七年的「二二八事件」有關。

臺灣的民系性格富有「畏威而不懷德」與「柔順而有堅持」的特質，為了構建和諧海峽，促進中國自由、民主、均富統一的終極目標，兩岸關係政策不宜採取比較強硬的作法。文化使人和諧，武力使人分離；這個觀念甚為重要。

只要有一個富強的中國，那裡會有獨立的臺灣呢？兩岸若不交流，臺灣沒有出路；大陸若不繼續改革，中國沒有希望。在這個世紀裡，中國必將崛起。中國國情的現實要與國際的理想接軌，因此中國文化的現代化與國際化等甚為重要。只要兩岸現代化的方向趨於相同，中國終將統一。

兩岸的統一必須先以「和解」做起，繼之以「和平」過度，然後再以「和諧」達成。

### 一、閩南話與臺灣國語？

近日再度翻閱陳正統先生主編《閩南話漳腔辭典》大作

之後，感慨良多。因此對現階段臺灣的去「閩南化」憂心忡忡。[1]

　　幾年來臺灣執政當局不斷地推動臺灣去「中國化」的政策，這些都是爲著「臺灣獨立」舖路。其中要把閩南話定位爲臺灣話（臺灣國語）。這個看法，實在荒唐。臺灣的主流方言是閩南語，主要是源自福建的漳、泉、廈等閩南金三角地區。這是不爭的事實；但是臺灣的許多政客硬是要把臺灣「脫中入日」的想法，令人歎息。筆者出生在閩南的漳州，一九四九年秋隨著國民政府遷臺，當時筆者僅僅會說漳州閩南話，不會說普通話。肯定的說，臺灣的閩南話，是福建的閩南方言；所謂的臺灣母語，乃是不折不扣的福建閩南方言。臺灣欲去「閩南化」，這可能嗎？

　　臺灣島內的同胞超過百分之七十來自福建的閩南；而閩南話乃是中原九州地區（今陝西、山西、河南等地）的語言在閩越地方「本土化」的產物。漳州話與泉州話略有不同，而廈門話則綜合漳泉二地方言而成爲今日的廈門話。臺灣話也有漳州話（宜蘭縣羅東鎮爲代表，號稱小漳州）和泉州話（彰化縣鹿港鎮爲代表，號稱小泉州）等地區性的差異，但基本經過四百年的融合後已蘊釀成爲類似廈門話的臺灣話。這種臺灣話是不折不扣的閩南方言，並非臺灣母語。

　　四百年來，因爲臺灣是一個典型的移民社會，又是歷經許多不同政權的統治，臺灣人的民系性格難免有投機性，也難免在統獨方面有所選擇。但是從來沒有最近幾年來這麼嚴重過。這當然與臺灣光復以後中國國民黨的統治有著明確的

---

1　陳正統主編，《閩南話漳腔辭典》，中華書局，北京，2007 年。

關係。其中的關鍵因素是一九四七年的「二二八事件」，還有一九四九年國民政府撤退到臺灣而遷臺的兩百多萬大陸同胞，這是臺灣族群結構的大調整，於是形成了今日臺灣四大族群的分分合合。[2]

臺灣人基本上是肯定自己是中國人，這可從一八九五年臺灣割讓給日本以及一九四五年臺灣光復等史實看出；一八九五年臺灣人的擁清抗日以及一九四五年臺灣人的嚮往祖國等都是眾所周知的事。但是自從臺灣光復後臺灣人在基隆港口的期許以及國軍登臺以後的種種表現，在在令臺灣人失望。臺灣人對回歸祖國的期望完全喪失無遺，也使他們對於過去五十年來日本統治的懷念重新燃起。如今臺灣人尋求臺灣獨立的聲波很大，他們背後的支持者是美國人和日本人。在表面上美國人和日本人是反對臺灣獨立的，其實不然。迄目前為止，臺灣人內心的想法仍有不乏有「脫中入日」的看法。這是一件亟待正視的重大問題。

## 二、臺灣人的移民性格

正視臺灣曾經在經濟創造了奇蹟，此乃戰後開發中國家的典範。蔣介石和蔣經國等二位領導人對臺灣的現代化是有貢獻的，但許多臺灣人，尤其是臺灣的政客們似乎都忘掉了。臺灣人的民系性格「柔順而有堅持」，此相當可議；這是「畏威而不懷德」的臺灣移民心態。最具體的例子是在中國大陸經商賺錢的「臺商」，在表面上口口聲聲支持一個中國，但他

2 馬若孟、賴澤涵、魏萼，《臺灣二二八事件：一個悲劇的開始》，時報出版社（羅珞珈譯，原著在美國史丹佛大學出版，1991），臺北・臺灣，1992 年。

們的內心的想法就不得而知了。許多臺灣人的想法基本上認為一個強而有力的臺灣民進黨（執政黨），才可以保障「臺商」在大陸的長期利益。臺灣族群分裂是中國自由民主和平統一的障礙。這與臺灣光復後國民黨統治臺灣失策有關，特別是「二二八事件」所發生的悲劇，其影響兩岸關係極爲深遠。

光復初期的臺灣，大量湧進所謂的臺灣外省人大約兩百多萬人，這些外省人包括軍人、國民黨人、國民政府高官和貴人等等，他們享有許多特權，無形中所謂的臺灣本省人已變成二等國民，備受岐視。陳儀等人統治的臺灣行政長官官員惡形惡狀的騎在人民頭上。政府官員貪污腐化，缺乏社會正義。當時的臺灣人敢怒不敢言，忍氣吞聲。這些都是形成許多臺灣人有隱形「臺獨」傾向的重要緣由。戰後臺灣光復以來的族群衝突是因臺灣本土化的程度與時俱進，預料這種趨勢仍將繼續。[3]

# 三、臺灣「二二八事件」的悲劇

自從一九四五年臺灣光復以來，臺灣何去何從迄今尙未定位。先由日本化轉爲中國化，繼之再由中國化轉變爲臺灣化。未來是否再由臺灣化轉變爲中國化，大家甚爲關心。不管如何，戰後的臺灣，六十幾年來是個徬徨的時代。

臺灣有關「統獨」問題，由來已久。荷蘭統治的時代、明鄭統治時代、清政府統治時代、日本統治時代，以至於今日，臺灣政權的隸屬問題一直是爭論不休的。其中最爲嚴重的時期莫過於今日。「臺獨」問題是今日臺灣政治經濟的焦

---

3 同前。

點。何以如此？一九四七年的「二二八事件」乃是一個關鍵。如今「二二八事件」已被「臺獨」人士充分利用，成爲反中國自由民主和平統一的重要藉口。

對於「二二八事件」發出的原因及其因應對策，各方看法不一，迄目前爲止，尙沒有獲得有關「二二八事件」的具體結論。這包括「二二八事件」發出的原因以及其因應策略有著明確的看法。這是一個亟需從速解決的重大問題。[4]

臺灣的經濟發展與市場經濟、民主政治、臺灣本土化等呈現「等相關」的發展，這些與「二二八事件」也有密切的關係。「二二八事件」之後，臺灣行政長官公署改組成爲臺灣省政府，廢除統籌經濟的「專賣局」和「貿易局」，改組爲臺灣省烟酒公賣局和臺灣省物資局；擴大市場經濟的範圍，並實施土地改革，實施耕者有其田和地方自治。於是臺灣人一方面盡力發展經濟、累積財富，另一方面也逐漸參與民意團體。這是市場經濟和民主政治雙軌本土化的提升和現代化。六十幾年來，臺灣民主政治的發展逐漸紮根本土；以至於今日，臺灣本土勢力不但影響臺灣經濟，也影響了臺灣政治。原本屬於所謂統治階級的外省人也因之退居第二線、第三線。今日臺灣龐大的本土經濟和政治力是臺灣發展中形勢的必然。因此也淡化了中國意識，成長了臺灣意識。於是最近二十年來，所謂的去「中國化」的聲勢囂張而狂妄。這個不利於「一個中國」爲原則的趨勢，在短期之內難有改變。[5]

「二二八事件」之後加速完成臺灣實施「耕者有其田」

---

4 臺北市政府文化局（臺北二二八紀念館）主辦，中央研究院臺灣史研究所執行，《紀念二二八事件六十週年學術研討會》（論文集上下冊）。臺北・臺灣，2007年。
5 同前。

的佈局。這是臺灣全面經濟發展的第一步，增加了農地的生產量，也提高了農民的生產力。繼之，以農業培養工業，再以工業發展農業。臺灣經濟終於創造了奇蹟，這是臺灣市場經濟的動力，進而帶動了臺灣的民主政治。臺灣人於是「站起來」了，其必然的結局是要尋找「二二八事件」的真相，並且推動臺灣獨立運動。其具體的事實是讓中國國民黨下臺，取而代之的是臺灣民進黨的執政。其間中國國民黨也傾向於分裂的現象，富有本土勢力的臺灣國民黨也逐漸明顯的從中國國民黨中分列出來。

中國國民黨曾主張以中華民國名義公投加入聯合國，而臺灣民進黨則主張以臺灣名義公投加入聯合國。二者主張「公投」參加聯合國的名義雖然不同，但本質上都有「臺獨」的味道。[6]中國國民黨在臺灣從昔日的反共抗俄、反共復國、奉勸中共放棄共產主義、三民主義統一中國等發展到今日保臺偏安臺灣本土化的中國國民黨。中國國民黨若不放眼中國，則將自我萎縮，進而步入泡沫化的命運。[7]這個發展的新趨勢在短期間內似將持續下去。換言之，「臺獨」的發展在臺灣仍有很大的空間，這不能不密切加以正視、面對的最重要課題。但是從長計議，只要有富強的中國，那裡會有臺灣獨立呢？

## 四、回歸中國幻覺的破滅

對於回歸中國幻覺的破滅；戰後初期的臺灣脫離了日本殖民地的統治，換來的是殘破的中國政府。何況其一連串非

---

6 目前中國國民黨內部意見甚為分岐，臺灣本土勢力與日俱增。這是不改國號的「臺獨」勢力稱之為「獨臺」，此與臺灣民進黨的「臺獨」殊途同歸。

7 這是歷史的必然。此與新黨、親民黨等的命運相同。

文明的作為，這包括殺、姦、搶、擄、騙、偷等野蠻的舉動，復加上國民經濟失業嚴重，物價高漲，於是民不聊生。臺灣人對於回歸祖國的幻覺完全破滅，也使臺灣人想起了皇民化（日本化）的所謂安居樂業，因而引起了對中國、中國人的仇恨。尤其憶起一八九五年的「馬關條約」，清政府把臺灣看成蟑螂之地：「鳥不語，花不香」的邊緣地區，不惜割讓給日本人。臺灣光復後，國民黨的統治歧視臺灣人的從政權利，臺灣人經常被視為是二等國民。於是臺灣人懷恨在心，敢怒不敢言百般的容忍，這一切的一切後果是等到中國國民黨的下臺，和臺灣民進黨的上臺。一連串的報復行動終於到來。同時對於國民黨的仇恨也一再轉嫁到中國共產黨身上。這種反中國的情緒不斷的燃燒，這些去中國化等的種種舉措正在如火如荼的進行著。這使得一個中國的願景沾上了層層的塵埃，臺灣獨立的氣勢自然上揚。

在這個臺獨運動的過程中，他們假藉依靠日本與美國的力量來達到分裂國家的目的。其實這些現象都是歷史發展中的必然。一九四五年十月十七日，國軍第七十軍從基隆進港，國軍衣衫襤褸，狼狽悽慘的情景，令人不忍卒睹。這在在令臺灣人失望，也讓他們重新想起了戰敗國，但威武的日本皇軍。

臺灣獨立運動的重要標竿。「二二八事件」雖然於十四天以內已被鎮壓了，但六十幾年來，其潛在的威力巨大。「二二八事件」的「臺獨運動」在一九八七年國民政府宣佈解嚴後已化暗為明。以「二二八事件」為主軸，衍生出許許多多「臺獨」的理論。舉例來說，以臺灣的閩南話（臺灣話）為「國語」運動，以「新加坡模式」為「臺獨」的樣板，以臺灣民

族有異於大漢民族，以海洋文化的「鯨魚」理論區別於大陸文化的「秋海棠」理論。尤其是戰後的臺灣推展現代化的經驗邁向自由、民主、人權、法治、科學、環保等等文明的特殊成就有異於中國大陸，進而推出臺灣的大航海文化時代與中國大陸閉鎖性的大陸文化，有著明確的不同。由此可見臺灣獨立運動與「二二八事件」的相關性甚高，而當中最主要的推手是臺灣民進黨。因爲它是「臺獨黨」。「臺獨黨」打著本土化的號召。從短期看似乎仍順著臺灣的形勢走；但從長期趨勢看，「臺獨」運動是沒有前途的。

目前「臺獨」份子甚是羨慕一七七六年美國新教徒的獨立、脫離了英國統治，在美利堅建立了十三州的基礎，繁衍子孫。當然的，他們也崇拜新加坡獨立於馬來西亞，認爲她是海外華人獨立國家的「典範」。

# 第二節　「二二八事件」與臺灣獨立運動

## 一、「二二八事件」的真相

國共兩黨對「二二八事件」的迷惘。一九四七年「二二八事件」發生伊始，國民黨的領導人蔣介石以及當時國防部長白崇禧等人都認爲臺灣「二二八事件」是中共策劃發生的；而中共領導人毛澤東、劉少奇、周恩來等人也自認爲臺灣「二二八事件」是人民起義成功的。其實這個看法是錯誤的。[8]「二

8 王逸之，「蔣介石與臺灣」，中外雜誌，臺北，臺灣，2007 年 4 月，第130 頁。

二八事件」的發生是一種文化衝突的結局。共產黨的介入是事件發生以後的事，具體的例子是臺中市婦女會謝雪紅（原名謝阿娥）的介入，她是共產黨核心份子之一。「二二八事件」在陳儀執政時期發生，預料這個事件的發生是遲早的事。即使魏道明的執政，也可能發生類似的事件。[9]

國共兩黨曾經分別重視「二二八事件」發生與共產黨的策動有關係，這都是非理性的想法，而且不是事實。應該讓歷史回歸歷史的真象才是。

一九四七年臺灣「二二八事件」的參與者，後來的發展可以歸納成爲臺獨份子和中共同路人二類。前者人數較多，曾經散居在日本和美國，後者人數較少；事件發生後潛逃至中國大陸者居多。

臺灣是個移民的社會，臺灣人移民的性格富投機性，但目標甚爲明確，她們甚富有生命力、生活力和生存力。臺灣人表面上很溫和、很服從，其實他們的堅忍性特別強。臺灣人一般來說是仇恨外省人的，這在表面上是看不出來的。臺灣人不喜歡中國國民黨，但表面上也要應付國民黨。從長期看，中國國民黨在臺灣是沒有前途的，這包括本土化以後的國民黨。因爲國民黨被視爲外來的政黨。說明白，「二二八事件」之後，許多臺灣人就是就是反中國人。國民黨的反共教育做得很徹底，的確全球的共產主義在一九九〇年代以前也沒有良好的表現。基本上，臺灣人不但反國民黨，也反共產黨，這當然都是反中國人的。這也可以從臺灣的重要選舉中看到答案，這種民粹性格也包括在中國大陸的「臺商」在內。

---

[9] 「二二八事件」後，臺灣省政府第一任省主席是魏道明先生。

目前台灣民進黨的領導人許許多多都曾是中國國民黨的黨員，這包括陳水扁、游長廷、陳定南（已故）、呂秀蓮等等人在內，但他們等到機會成熟時，翻身一變當然成爲反國民黨的急先鋒。

## 二、傷亡人數有多少？

臺灣爲一典型的移民社會，況且又是一個海洋經濟的屬性，其所孕育出來的民系性格是有冒險性，有務實性、富求真性，崇尙理性。因此臺灣人比較投機、冷靜而堅定，具體說臺灣人表現出來的意義表面上是柔順的，實質上是有所堅持。這種「柔順而有堅持」的臺灣人性格有些類似日本人，日本也是海島型經濟社會的典型。臺灣經濟、社會等的發展走日本的道路被認爲比較適合。韓國人在人格上的表現得比較強悍，況且言行一致的。這與臺灣人經常是不同的。一八九八年日本統治初期兒玉源太郎總督時的行政長官後藤新平所研判的臺灣人屬性是「畏威而不懷德」的看法也有見地。[10]後藤新平的說法已成爲日本統治臺灣的理論依據，他們所採取的對臺施政的原則是恩威並濟，此已使日本人成功的統治了臺灣五十年。

「二二八事件」中到底死多少人？各方看法不一。以一九四七年臺灣總人口約爲六百五十萬，若死亡人口超過十萬，這可能嗎？死亡人口當中有臺灣人，當然也有外省人。欲明白「二二八事件」的死難人數有若干？這必須從科學的角度去估計，僅從政治意識形態去臆測的態度是不科學的。

---

10 後藤新平是 1898 年日本統治臺灣的第四任總督兒玉源太郎的新政長官。

例如官方警備總部公佈的死亡人數為三九八人，受傷者二〇
八一人，失蹤者七十二人；[11]又據楊亮功的報告，死亡人數
外省人五十七人、本省人四十三人、軍人一十六人、兵七十
四人，一共一九〇人。[12]這些官方數字與蔣順興的五萬多人
[13]，李雅甫的三萬多人[14]，馬若孟等人的八千多人[15]，史明的
十幾萬人等等[16]，他們所提的傷亡人口數字差別甚大。此有
待進一步討論。

　　「二二八事件」之所以發生的原因如果說是「官逼民反」
為主要，這個看法似乎太單純了。[17]「二二八事件」的源起
是多種因素所造成的，其中有政治性、有經濟性、有社會性、
有文化性等等有關問題所形成的。

　　行政長官陳儀的領導風格重用外省人，輕視臺灣人的行
政權，用人方式又是疑人不用，用人不疑；他縱容旗下部屬
濫權、貪污。陳儀重視傳統儒家觀念中的君臣關係，他要求
部屬對他的忠貞，他也對其長官蔣介石很忠貞。他在臺灣不
用日語，也不用閩南語，這正好與當時臺灣的現實環境背道
而馳。在政治上違反臺灣人治理臺灣人的原則，復加之在臺
灣的外省人似有第一級人民的感覺，而臺灣本地人則無形中
變成次等國民。這是歷史造成的。經過八年的抗日慘勝，中

11 臺灣省警備總司令部於 1947 年 5 月 26 日公佈傷亡數字。
12 楊亮功，「二二八事變奉命查辦之經過」，載蔣永敬等人編《楊亮功先
　　生年譜》，聯經出版社，臺北・臺灣，1988 年，第 340 頁。
13 蔣順興，「臺灣二二八起義」，江海學刊，1984 年第 2 期，第 85 頁。
　　同註 4。
14 李雅甫，《臺灣人民革命鬥爭史》，廣州，華南人民出版社，1955 年，
　　第 435 頁。同註 4。
15 馬若孟等，同註 1，第 266 頁。
16 史明，《臺灣人四百年史》，（第 3 冊），沒有出版社的自印本，臺北・
　　臺灣，1980 年，第 780 頁。
17 2007 年 2 月 26 日國民黨主席馬英九的講話。

國人被日本人害慘了，而在臺灣經過五十年日本人的統治，臺灣人皇民化的情況在所難免，因此造成臺灣的外省人與臺灣本地人的嚴重岐見，當時事件似有一觸即發的態勢。「二二八事件」發生之前，許許多多臺灣人知識份子欲報國，但無門，心中很恨國民黨的陳儀政權。

## 三、國民黨失敗的經驗與教訓

臺灣光復後經濟蕭條、失業嚴重，況且物價飆漲，民不聊生。國共內戰期間大陸經濟一片混亂，此多少波及臺灣的經濟。陳儀執政期間貿易局、專賣局的經濟獨占，大大的足以影響了臺灣市場經濟的發展。臺灣光復後日本統治時期派往亞洲各地的充員戰士陸續返臺，日本統治時期監獄裡的人犯特赦出來，國共內戰期間不斷的人潮湧進臺灣，戰爭期間盟軍轟炸造成大量工廠停工等等因素，於是原本失業問題已經嚴重的臺灣經濟變本加厲。

臺灣社會治安的惡化，首來自光復初期國軍的違法亂紀。姦淫、偷竊、搶劫、貪污、腐敗等等事件層出不窮。尤其是省籍族群的仇恨衝突。臺灣社會治安極端惡化與當時政治、經濟、社會、文化等的不安定息息相關。

「二二八事件」的發生乃是臺灣同胞反抗蔣介石國民黨統治臺灣的一個悲劇事件。這個事件演變成為多元意義的政治事件。其一是反國民黨的臺灣獨立集團，其二是以國民黨的親共集團，其三是反國民黨的民主集團。其中臺灣獨立集團勢力最大，分佈在美國、日本以及世界各地，這個顯形的臺獨勢力與臺灣島內隱形的臺獨勢力相呼應；而一九八七年七月十五日政府解嚴以後，這些顯形與隱形的「臺獨」集團

合而為一,形成一股龐大臺灣獨立力量。另外親共集團基本上分佈在中國大陸,而第三勢力所謂的民主集團則散居在世界各地,這包括在日本、西歐、北美、香港、臺灣等地;這股勢力是反國民黨,也反共產黨的第三勢力,但他們是主張自由、民主的中國人。以上「二二八事件」後的三股反國民黨勢力隨臺海兩岸國共在體質上的改變而有所消長。其中最大的變數乃是一九八〇年代以後中共的改革與開放政策了,此不但改變了中國的面貌也改變了臺海兩岸的國共關係。兩岸不交流,臺灣沒出路;大陸不改變,中國沒希望。中國的崛起已成為現階段中國人所共同的期許。何況只要有富強的中國,那有出走、分裂的邊疆了。因此從長期看,臺獨是沒有前途的。可是當前臺獨的火苗正在不停的燃燒著,尤其在臺灣島內的臺灣獨立聲勢日益坐大,已成為臺灣主要政治力量。此令人擔憂。但是我們認為只要有一個正確的中國發展道路,中國一定富強,如此「臺獨」勢力自然逐漸消失。

## 四、不做外來文化的殖民地

臺灣光復以後的國共內戰以及國民黨的反共;其實國民黨之所以反共是反馬列主義的外來文化,不願意看到中國文化的沉淪,使中國成為西方外來文化的殖民地。國民黨的反共是反對共產黨的「去中國化」運動,是乃維護中國文化的一場鬥爭。如今中共已回歸了中國文化,採用了中國經濟思想中的經濟政策,而且使得中國經濟展現了奇蹟,使中國人頂天立地的站起來了,這種萬民普天同慶的事實,豈不令人握手稱慶的道理呢?此時此刻所謂成功不必在我,這國民黨也樂於見到的;只要把國家治好,誰執政都一樣。中國共產

黨的治國政策歷經「文化大革命」的非理性作為之後，回歸
到一九八〇年代理性的改革與開放政策。特別是現任中共總
書記胡錦濤提出和諧的對內政策和和平的對外政策，很明確
的這個新的治國方針已取代了過去那些階級鬥爭和輸出革命
的對內對外政策。這種良性的轉變，在臺灣的中國國民黨當
然要給予支持的。

## 五、「二二八事件」與官逼民反

「二二八事件」的導火線是國民黨武裝警察欲在查緝並
取締私烟烟販林江邁女士所引起的擦搶走火事件。這個事件
的發生是偶然發生的，但其背後的文化、社會、政治、經濟
等因素是複雜的，並不是所謂的「官逼民反」一句話所能形
容的。「二二八事件」發生時當事人林江邁的女兒林明珠女士
則辯稱當時警察人員與其母親林江邁是語言不通所造成的誤
會。我們認為此與取締私煙應該是一回事，並非衝突的二件
事。據悉林明珠女士是要淡化因為取締私烟所引起的「二二
八事件」。阮美珠女士等許多人不同意林明珠女士的供詞。[18]

一九四七年的「二二八事件」是一個非常有爭議的政治
事件，由於意識形態看法的不同，容易產生對於「二二八事
件」因果關係的本末偏差。六十幾年來，臺灣反國民黨力量
已多少凝聚成為一股「臺獨」的動力，不斷藉著「二二八事
件」為工具構成反對中國的勢力，這股力量仍然持續的在燃
燒中。如何探尋「二二八事件」的真相，消彌「二二八事件」
的陰影，促進兩岸長期的和解、和平、和諧等甚為重要。

---

18 阮美珠，「二二八紀錄片：林江邁的真真假假」，《自由時報》，台北‧
臺灣，2007年2月9日。

幾十年以來，在臺灣反國民黨的人士，這包括臺灣民進黨組黨以前的所謂黨外人士在內，都曾經大力利用「二二八事件」做爲號召來凝聚其所謂的反對勢力，他們從反國民黨，進而發展出反中國，反中國統一的形勢。其中也包括臺灣執政黨（民進黨）所提出去「中國化」的教育政策，特別是重新解釋臺灣的歷史，其強調臺灣自古以來並非中國的一部份。國民黨在臺灣的前途仍然堪憂，目前與國民黨相關的新黨、親民黨等均泡沫化，若這種趨勢沒有改變，中國國民黨似也難免步入衰萎的命運。若如此，臺灣民進黨的長期執政（大趨勢）也有可能，因而暫時加速了臺海兩岸分裂的廣度與深度，這對於中國統一當然不利的。當前最嚴重的莫非「臺獨」理論在臺灣仍有潛在的市場；這是一項極爲迫切問題。若如是，在臺灣的臺灣民進黨與在中國大陸的中國共產黨將呈現著長期對峙的局面。歐洲的羅馬帝國遷都拜占庭，是爲後來的伊斯坦堡。東羅馬從西元三三〇年至西元一四五三年，倖存了一一二三年之久，西羅馬則在西元四七六年宣告滅亡。歷史是一面鏡子。又臺灣自從明天啓三年（西元一六二三）以來屢次改朝換代都是依靠武力的，但是武力犯臺的舉措都是違背中國文化的基本精神的，何況中國人不打中國人的基本原則是不宜改變的。

## 六、文化使人和諧、政治使人分裂

文化使人和諧，政治使人分裂。臺灣海峽兩岸長期的對峙，最好的方法是以文化的意義「王道」的辦法來解決，而且要有長期的心理準備，尤其是使用閩南文化的共同性作爲橋樑來化解臺海兩岸長期以來的歧見。目前最令人擔心的是

臺灣文化從閩南文化中獨立出去。臺灣文化、福建文化、閩南文化、湖湘文化、齊魯文化、巴蜀文化、巴渝文化等等皆為中華文化的一支文化，但臺灣文化因歷史、地理、社會、政治等因素特殊，因而擔心從中華文化中出走。

中國要達到真正領土的完整統一，這還要有很長的路。臺灣與大陸的兩岸分治是歷史造成的，要使臺灣海峽兩岸都是屬於一個中國，這是首要的工作。目前「臺獨」之氣勢高漲，這與美日兩國背後的支持有關。但是只要有一個富強的中國，會使美日不敢在表面上支持臺灣獨立。

臺灣的民進黨是聽美國人指揮的。只要美國肯定一個中國政策，從長計議可使臺灣當局先肯定一個中國，然後逐步邁向中國真正的自由民主和平統一。

關鍵的問題是中國是否富強。只要有富強的中國，那有分裂的中國呢？五千年的歷史分分合合可以得到佐證。今日，最重要的莫非是要使中國富強與現代化。認知臺灣人柔順而有堅持、畏威而不懷德的民系性格。建議對於臺灣人要適度的給予尊重，但一個中國的基本政策必需堅持。此外兩岸的文化經濟等交流至為重要，還有更重要的乃是大陸不斷的改革與開放，盡力做到與全球普世價值相接軌。兩岸不交流，臺灣沒出路，大陸不改革，中國沒希望。總而言之，兩岸先力求在一個中國原則下和解，進一步的和平相處，然後共同建立一個和諧的社會。

# 第二章　中國人邁向幸福之路
## ── 孫中山的政治經濟思想探原

## 第一節　中國經濟發展的模式

　　孫中山思想與魯迅的「拿來主義」觀點是相通的。魯迅反對那些「送來主義」的西方文化侵略，使得中國經濟雪上加霜。一八六八年日本明治維新帶來了日本的富強，此舉世有目共睹。其實孫中山思想與魯迅「拿來主義」觀點，與日本的明治維新在文化思想方向上是一致的。明治維新使日本富強，孫中山思想也可使中國富強康樂。關鍵的因素是如何去認識和貫徹孫中山思想。

　　在臺灣，蔣中正與蔣經國兩位總統治臺灣期間，也曾經重視孫中山思想與台灣經濟發展的模式，基本上所謂臺灣經濟奇蹟期間（一九四九年至一九八九年）是實踐孫中山思想中的民生主義的。中國大陸在一九七八年以後的改革開放等經濟政策，也多少回歸孫中山經濟思想。鄧小平理論也是多少依據孫中山經濟思想的。鄧小平也是孫中山先生的信徒，他「一言興邦」改變了中國經濟的面貌。從臺灣與中國大陸經濟發展的經驗證明了孫中山思想與中國經濟發展的關係。

　　民生主義可以救中國經濟，這是一般國人似乎可以認同的一個看法，但孫中山思想中的民生主義是什麼？學者們的

看法相當分歧。過去的臺灣對於民生主義經濟思想的解釋曾經有過左派和右派的大辯論？[1]若從長期趨勢分析，孫中山思想中的右派學者或信徒佔了優勢，這是必然的觀象。這是因為市場經濟正確發展的方向；這也必需從孫中山經濟思想的本質去找到答案。孫中山思想是中西方思想的結合體，它「去蕪存菁」後凝聚成為一股有生命力的經濟思想觀念，此可以促成中國現代化。

## 一、中西方經濟思想並無衝突

其實中西方的經濟思想在本質上是相似、相通的。中國經濟思想五千年來，是以私有財產和市場經濟等為主軸的，這與西方的歐美經濟思想並沒有根本上的衝突。中國經濟思想史上有所謂的儒家、法家、道家、墨家、兵家等思想。其中法家的經濟思想多少主張政府經濟功能，但私有財產制度和市場經濟機能的本質是根深蒂固的。值得重視的西漢、東漢之間的新國王莽政策主張的「王田」和清末太平天國洪秀全所主張的「天田」等國有制土地政策都沒有真正實踐過。「人民公社」的國有化農村是中國歷史上的獨特，但它是失敗的例證。有關先秦經濟思想法家的代表性人物管仲和商鞅等並沒有主張全面國有化經濟。中國經濟思想從伏羲作八卦，神農日中為市等開端，以至於歷朝歷代的財經政策與制度皆以「民本」為主要；「民本」的具體意義，在經濟制度上的內涵是藏富於民、民富國強。

一般來說，西方經濟思想史亦是一部私有財產和市場經

---

1 左派的人士主張國營事業的重要性，反對民營化的趨勢。他們是任卓宣、陶希聖、鄭學稼、林一新等所謂托派的學者。

濟爲主軸的經濟文化史。古希臘、希伯來經濟思想以民爲本
位的思維方式與東方的中國相同，但彼此也產生了各種形式
的官僚主義和封建主義。西元前五百年希臘文明已經鼎盛；
蘇格拉底，阿里士多德和柏拉圖等三大哲學家把希臘文明的
光輝創造了典範。繼之、希臘羅馬文化在歐洲光芒四射了近
一千年。中世紀的歐洲日耳曼人秉承基督教的力量，實施「政
教合一」的宗教專制政權，直至西南歐洲的文藝復興爲止，
也凡約一千年。這正是中古世紀歐洲的「黑暗時期」。羅馬從
西元三三〇年至西元一四五三年的東羅馬，一千多年來聲稱
繼承了希臘羅馬文化的精華。延續了羅馬帝國的香火。這個
時期經濟思想文化的主力也是私有財產制度和市場經濟爲軸
心。從十三、十四世紀開始歐洲逐漸燃起文藝復興運動，以
直到十五、十六世紀全面展開歐洲的新文化運動，繼之有了
宗教改革；馬丁·路德於一五一七年提出了宗教自由化的新
方案，於是有了歐洲基督新教和天主教的分歧。由於宗教改
革帶動了歐洲自由、民主、人權、法治和科學、產業的新思
潮。這終於產生了產業革命和新啓蒙運動，進而創造了西歐、
北美的現代化文明。資本主義、社會資本主義、福利資本主
義等等新思維方式逐步產生，邁向世界資本主義的現代文明。

## 二、史密斯·馬克斯·凱恩斯的經濟思想

其間，亞當·史密斯的《國富論》(西元一七七六年出版)，
卡爾·馬克斯的《資本論》(分別於西元一八六七年、一八八
五年、一八九四年出版)，約翰·凱恩斯的《一般理論》(西

元一九三六年出版）等等著作改變了世界經濟。[2]孫中山思想
與魯迅「拿來主義」不但吸收了亞當·史密斯《國富論》的
思想，也吸收了卡爾·馬克斯《資本論》的思想；孫中山思
想當然也含蓋了後來的約翰·凱恩斯《一般理論》的思想在
內。亞當·史密斯《國富論》的思想以私有財產制度和自由
市場機能爲核心，這是毋庸置疑的；約翰·凱恩斯《一般理
論》的思想中曾主張政府經濟以輔助市場自由經濟的不足，
但並非取代市場自由經濟的本質。值得關注的是：西方社會
經濟大思想家卡爾·馬克斯一八四八年的《共產黨宣言》（與
恩格斯合著）並不代表他思想的整體，這只是卡爾·馬克斯
思想的一部份而已。一七五九年亞當·史密斯《道德情操論》
是他一七七六年《國富論》的先決條件，同理一八四五年費
德律·恩格斯的《英國工人階級狀況報告》等是一八四八年
《共產黨宣言》的先決條件。如果沒有上述的先決條件，亞
當·史密斯《國富論》等著作的意義是不存在的。因此亞當·
史密斯和卡爾·馬克斯的思想、理論與政策等並不是萬靈丹。
馬克斯思想是主張社會正義的看法，這是可以接受的，而馬
克斯本人應是一位人道主義、人本主義、人性主義、人權主
義者，這也可以深深肯定的。若說他的思想主張沒收私有財
產和企業國有，這個看法非他的常理。如果在正常合理的社
會經濟結構下，馬克斯應該也不反對私有財產和市場機能
的。總之，西方經濟思想史的本質是自由市場經濟爲主流，
而中國經濟思想史也不例外，但它經常被誤解。

---

2 史密斯、馬克斯、凱恩斯等 3 人是近代西方經濟學富有代表性的三個
　大師。

# 三、中國經濟思想：藏富於民、民富國強

　　伏羲作八卦、神農以日本爲市；這是中國經濟思想史的起源。[3]中國經濟幾千年來經濟發展的程序是以農立國、以工強國、以商富國。在農業社會裡農民日出而作，日落而息，鑿井而飲，帝力何以我哉？況且農民日中爲市，各盡所能，各取所值。傳統的農村經濟安居樂業，和諧自在。人文初祖黃帝勤政愛民，堯舜禹等的禪讓政治典範，堪稱美談。在經濟上則爲藏富於民、民富國強。這個經濟發展的思想，在實踐上則是以私有財產制度的建立和自由市場機能的貫徹。

　　大禹治水有功，禹是夏朝的開始。《尚書‧禹貢》描述了禹的功勳與德政。[4]商朝黃河水患頻仍，農村靠天吃飯；農民相信鬼神，多神論的宗教信仰模式於是成型。西周文王武王文治武功德化中原。周公攝政平王，制禮作樂，行井田。「井田制度」是中國經濟思想的典型；這基本上是以私有財產制度爲主要，輔之於公有企業。「井田制度」充分表示中國經濟是以私經濟爲主軸，但適度的政府公經濟也是必要的。具體的意義是要建立一個大而有活力的市場和一個小而有效率的政府。「公經濟」是補充「私經濟」的不足，而不是欲將私經濟取而代之。公經濟太多，整個社會經濟將失去活力，假若沒有公經濟，整個私經濟可能產生壟斷的現象。這正是儒家孔孟經濟思想的主要觀點。

　　管子爲中國法家經濟的開始，它雖然多少主張政府經濟

---

3 胡寄窗，《中國經濟思想史簡編》，中國社會科學出版社，北京，1982年，第 32 頁。
4 《禹貢》是戰國時代的作品。

的功能，尤其主張那些有壟斷性的特殊資源，例如鹽鐵等國
營，用以充實國庫收入、防止壟斷、伸張公平與正義等多重
目的，但是不損私有財產和市場經濟的本質。法家經濟除了
管子之外，富有代表性的秦孝公時代商鞅變法、漢武帝時代
桑弘羊鹽鐵政策以及北宋王安石改革等等，雖然他們多少強
掉了政府經濟的功能，但絕對沒有傷害中國經濟思想的精
神。[5]其他有關的經濟思想例如楊朱、墨翟等道家、墨家等基
本經濟思想都離不開藏富於民、民富國強的基本哲學。中國
經濟史上曾經有所謂王田、天田等農村土地國有制，但只有
過政治號召，實際上並沒有執行。

　　總之，中國這部經濟思想史並沒有所謂的社會主義，它
只有社會福利政策；它的理想境界是孔孟思想中的大同共產
主義。

## 四、以孫中山經濟思想來建設中國

　　有國民黨才有中國，有共產黨才有新中國。國民黨和共
產黨猶如同胞兄弟，因為他們都是中國人的產物，而且都是
孫中山思想的信徒；他們終將以孫中山思想來建設中國。經
過實踐與檢驗的結果證明孫中山思想可以救中國。過了蔣經
國的臺灣經濟發展經驗（一九四九年至一九八九年）以及一
九七八年以後的鄧小平的大陸經濟發展經驗；彼此皆逐漸趨
同於孫中山經濟思想中的民生主義道路。彼此不同的是歷史
背景的差距；國民黨多少趨向於西方主流思想（亞當‧史密
斯與約翰‧凱恩斯等），共產黨曾多少趨向於西方反主流思想

5 胡寄窗，同註 3，第 142 至 162 頁。

（卡爾·馬克斯與列寧等）。經過了實證的過程，也體驗了中國應該是中國人應走的道路。彼此均回歸於孫中山思想的經濟發展模式。過去國民黨是反共的，因為一九七八年以前中共的「中國馬列化」，亦即國民黨認為中共非中國。如今中共既然已回歸中國，國民黨的反共理念自然消失；進而認同共產黨的回歸中國文化以及宏偉的孫中山思想的國家建設方案。國民黨人對於共產黨能把國家治好似乎也應該給予認同、支持。成功不必在我，只要中國遠離苦難，中國人遠離悲情，也讓中國人真正頂天立地的站起來，這才是中國知識份子的良知與使命。

　　基於海峽分裂了中國將近六十年。兩岸不交流，臺灣沒有出路，大陸不改革，中國沒希望。如今中國大陸正在不斷的改革，兩岸交流的趨勢將愈明朗。可見的未來中國是有希望的，中國人是有前途的，而也相信臺灣本來的出路一片大好。兩岸若不交流，國民黨將逐漸民進黨化；兩岸若有交流，共產黨將逐漸國民黨化。[6]大勢所趨，國民黨與共產黨將從所謂的「一國兩制」走向「一國一制」。僅管如何，國民黨所走的是孫中山思想右派的道路；反之，共產黨到傾向於左派的途徑。其中爭論的焦點應是自由、民主、法治、人權等的程度而已，但彼此的方向是很明確，共同邁向全球化普世價值。

## 五、重新肯定馬克斯思想的意義

　　馬克斯（馬）、恩格斯（恩）、列寧（列）、史達林（史）等四座巨幅的畫像於一九八九年四月二十六日從天安門廣場

---

6 魏萼，《中國的迷惘與出路》（北京「釣魚台」的故事），美國史丹佛大學胡佛研究所當代中國檔案，2006 年 9 月 13 日。

取走，此後天安門廣場獨樹了孫中山和毛澤東等二位偉人的畫像，這就做對了。[7]這一方面是中華民族主義的因素，另一方面是誠如孔子所說的非鬼神而祭之，諂也；這尤其是列寧與史達林的畫像，他們兩人已成為歷史的殘渣，西方人都不要了，何況有古老文明的中國；怎可永遠供奉他們於天安門人民廣場而不墜呢？然而馬克斯、恩格斯等人的人道主義和人性主義是中國所需要的，尤其以馬克斯思想的中國化最為重要。中國人不做西方外來文化的殖民地，而是要做西方外來文化的主人。我們要消化馬克斯思想，用以深化中國現代的思想。到底那些馬克斯思想為我們中國人之所需，這就要尋找馬克斯思想的本質，如何將「真馬克斯思想」與孫中山思想、儒家思想等相結合，甚為重要。首先必需先肯定馬克斯思想的人道主義並且將馬克斯思想重新定位。馬克斯與恩格斯的一八四八年《共產黨宣言》只是一個特例，不能代表馬克斯思想的整體。假設人民道德情操存在，還有人性本善的事實呈現，如此社會經濟是祥和的，那來階級鬥爭呢？更談不上私人企業國有化和沒收私有財產的共產主義。因此上述的假設一旦確實存在，馬克斯也會主張私有財產制度和市場經濟機能的。我們深深的肯定馬克斯的人道主義思想。

　　馬克斯、列寧主義已不能代表真正的馬克斯思想，尤其是教條式的馬列主義。一九七八年以前的「中國馬列化」思想是不合乎中國國情與文化的。一九七八年中國改革開放以後的「馬列中國化」是一個歷史發展的必然給軌跡；把馬克斯思想融化成為中國文化的一部份。那麼與馬克斯思想有關

---

7 同前。

的『四個堅持』呢？那就不一樣了。

　　所謂的四個基本堅持是：堅持馬列主義的道路，堅持無產階級專政，堅持毛澤東思想，堅持共產黨的領導等。中華人民共和國一九八二年憲法裡有了「四個堅持」。這個對嗎？有待進一步商榷。這個「四個堅持」似乎可以考慮從憲法裡移走，並且以類似的國家安全法規取而代之；「四個堅持」當然可以放在中國共產黨黨綱裡面。這個看法不一定正確，有待識著討論之。[8]

## 六、蔣介石的歷史定位？

　　蔣介石也是百年來中國巨變中的偉人，他是「保天下」有功的歷史人物。一九九七年九月十二日，中共召開了第十五次全國代表大會。中共總書記江澤民報告了「高舉鄧小平理論偉大旗幟、把建設有中國特色的社會主義事業推向二十一世紀」專題。文中指出近百年中國巨變中的偉人有三位；那就是孫中山、毛澤東、鄧小平等。文中他特別強調馬列主義、毛澤東思想、鄧小平理論的一脈相承。同時江澤民也提出了三個代表的新思維。江澤民先生這篇講話方向甚為正確，內容相當豐富，確實是一篇腳踏實地的建國方案，令人敬佩。[9]江澤民擔任國家最高領人的十二年，在經濟發展的貢獻是中國歷史僅見的，其功厥偉，將永垂青史。[10]但是江澤民先生所提到的近百年來中國巨變中的三大偉人孫中山、毛

---

8　同前。
9　《江澤民文選》第 2 卷。中共中央文獻編輯委員會，北京，2006 年 8月。
10　馬若孟、賴澤涵、魏萼，《悲劇的開端：臺灣的二二八事件》，美國史丹佛大學出版社，史丹佛、加州，1991 年。

澤東、鄧小平等人，這大家也都同意。因為孫中山「救天下」
有功，毛澤東「打天下」有功、鄧小平「治天下」有功，這
三位偉人，也是中華民族振衰起蔽的大功臣，中國人民將永
遠懷念他們。但是江澤民民先生所舉的三大偉人似乎僅止於
中國共產黨的角度來看中國近代、現代史。他似乎忘了三次
國共合作的歷史，這當然包括二〇〇五年四月中國國民黨主
席連戰先生等人訪問中國大陸會見中國共產黨總書記胡錦濤
先生的歷史意義。若從國共合作的歷史來看，蔣介石的「北
伐」、「抗日」以及民國三十二（一九四三年）的「廢除不平
等條約」等等史蹟來看，蔣介石「保天下」有功是毋庸置疑
的。換言之，近百年來中國巨變中的四個偉人是：孫中山先
生的「救天下」有功，蔣介石先生的「保天下」有功，毛澤
東先生的「打天下」有功，鄧小平的「治天下」有功等皆將
永垂中華民族的史冊。至於第五個偉人是誰，這要看看誰的
「平天下」有功了，這包括中國的富強康樂以及「一國一制」
中國的自由、民主、均富和平統一。這胡錦濤總書記或許有
此機會？

　　國共有了一段歷史的恩怨，彼此也曲解了許多歷史事
實。今後應該讓歷史歸於歷史，讓真理歸於真理，讓學術歸
於學術；我們需要一本真正有代表性的國共關係史。舉例來
說，臺灣於一九四七年二月二十八日發生了所謂的二二八事
件；當時國民黨蔣介石總裁以及後來共產黨領導人毛澤東、
劉少奇、周恩來等人都說「二二八事件」是共產黨號召人民
起義成功的，這不是史實。其實共產黨的謝雪紅在臺中參加
了事件有關的活動是後來的事，此與事件的起因無關。

# 七、孫中山主義、儒家思想與馬克斯觀念

自從實施改革開放政策以後，一九七八年以來的中國經濟平均年成長率已超過百分之九點二五。中國經濟已改變了原有貧窮落後的面貌，如今已邁向富強；中國人真正站起來了。主要原因是中國經濟回歸了中國文化與思想，特別是實踐了孫中山思想。當然孫中山思想的「拿來主義」也接受了馬克斯人道主義思想。換言之，孫中山主義、儒家思想與馬克斯觀念等三者可以貫穿起來，用以建設現代化的中國。可是當今的中國都市裡「貧窮於富足之中」，城鄉貧富差距擴大；還有中國東南沿海與西北大陸在區域的差距也日益明顯。更嚴重的是社會正義的缺失，中國的貪污、腐化等等現象令人擔憂。[11]

儒家思想是重視社會正義和貧富差距等現象的。但是儒學在中國歷史上經常被誤用了，因而產生了不少官僚主義，封建主義和功利主義等腐朽，對於社會經濟的現代化未得其利，先蒙其害，這是儒家思想的弊病。一九一九年「五四運動」吳虞等人提出「打倒孔家店」的訴求，這個矯枉過正的看法比較極端，我們不能認同。但是儒家思想必需去除腐朽、凹俗、醬缸等垢病，用以恢復儒學的原貌。準此，我們鄭重提出「打醒孔家店」的呼聲，反對「打倒孔家店」的錯誤思考。另外我們也主張以「入世」功利型儒家思想著眼，除了重視修身、齊家等「內聖」的意義，並且兼顧「外王」的治國、平天下的價值觀。同時我們也提出新「新儒家」的思維

---

11 孫中山，民生主義（第一講），《國父全書》第 1 冊，中國國民黨史會編訂，台北，1973 年 6 月，第 187 頁。

方式，期能找到儒家思想的真諦，這才是「真儒家」的本質。

馬克斯思想是人道主義為本位的。這可從馬克斯的行為方式和一生的著作看出。但馬克斯思想被政客所扭曲了，尤其是「教條式」的馬列主義，它已禍害了世界；於是有了一九九〇年代蘇聯以及東歐等共產主義國家的土崩瓦解。孫中山先生曾言：師馬克斯之意可也，不可師馬克斯之法。[12]馬克斯之意乃是馬克斯的人道主義觀，馬克斯之法乃沒收私有財產和國有化私人企業等措施。馬克斯的共產主義方法與中國經濟思想文化是相違背的，當然不適合於中國。孫中山也曾說不管什麼主義，只要適合於我們的都是好主義。這個看法與魯迅相同。[13]，要認識馬克斯思想必需看馬克斯的一生，而不是馬克斯言論的片片段段，以一概全的曲解馬克斯思想的本質。具體而言，如何尋找真正馬克斯的思想使之能夠與中國文化（尤其是儒家思想）相結合。

孫中山思想可以救中國，但是孫學的版本很多，對於孫中山思想的解釋百家爭鳴，這就是臺灣過去的經驗。今日的臺灣孫中山思想已被淡化了。相反的，中國大陸的中國共產黨正在推崇孫中山先生，這個方向正確。問題是如何尋找真正孫中山思想的精髓所在。孫中山思想是拿來主義，不是送來主義。[14]拿來主義是要去除儒家思想的腐朽，也要去除馬克斯思想的腐朽；要結合真正儒家思想，真正馬克斯思想和真正西方主流思想等等，而化為中國現代化的力量。若是，

---

12 魯迅，「拿來主義」，《中華日報‧動向》，1934 年，6 月 7 日。文載於《魯迅全集》（第四卷），人民文學出版社，北京，1995 年，第 16 至31 頁。
13 同前。
14 孫中山，《三民主義為造成新世界之工具》，1921 年 12 月 7 日。孫中山先生演講。

中國共產黨與中國國民黨有了一致的共識，這是中國的希望，也是中國人的前途之所寄。

# 第二節　孫中山的西方價值觀
## —— 一個新新儒者的典範

## 一、西方人文主義的啓蒙

### （一）人權的基本定位

人權的基本定位是廣義的。在種族上，它要打破民族的不平等，主張國內、外民族一律平等，反對國際強權政治和殖民地政策，要廢除不平等條約，力求國家、民族的平等與自由。在政治上，它要打破政治的不平等，主張國人政治的民主、自由與平等，反對政治上官僚、軍閥等特權階級，力求人民的政治、宗教與言論的平等與自由。在經濟上，它要打破社會的不平等，主張藏富於民、民富國強，反對官商勾結、黑金狼狽爲奸，力求人民追求財富的經濟自由與平等。換言之，人權的種種目標是要做到民有、民治、民享的理想[15]。這個思想是源自西方歐美經濟已開發國家現代化的經驗與步驟，先從民族主義的興起，以維護國家獨立，使國家主權的地位確立，然後推動人民民權的伸張以推翻專制威權。繼之發展經濟以改善人民的經濟生活和促進人民生活的品質。換言之，民族主義的興起是一國文化倫理的發揚，民權

---

15 魏萼，《中國國富論》（一個富有中國特色的國富論），時報文化出版企業股份有限公司，台北，2000年，第71頁至83頁。

主義的興起是一國政治民主的發生，民生主義的興起是經濟科學的發展。這是要根據一國的國情為本位的思維方式以迎接世界潮流的現代化、制度化、與國際化。

中國自鴉片戰爭以後，民族自信心頹喪，國人對於西方強權的現代化思潮囫圇吞棗，因而產生了嚴重的文化衝突。這是來自西方的橫斷面式的文化衝突，其結果是國家發展的定位，失去了方向。於是國家現代化的制度雜亂無章，如此中國何以不亂；民不聊生也當然是預料中的事了。[16]

中國自從夏禹開始，幾千年來歷經專制政體的毒害甚深。歷朝歷代雖有勤政愛民的聖賢名君，例如商湯，文武、周公、文景、貞觀、開元等等之治，但傳統中國畢竟是一個人治的社會，難免有人治社會的流弊而禍國殃民，特別是宦官和外戚的無理干政為最。中國現代化應重視中國國情倫理文化的重要性，但因為某些保守民族主義或激情民族主義的錯覺，使國家的發展失去了應有的方向，甚為遺憾。所以孫中山先生力求去蕪存菁中國文化，並且主張吸收西方文化思潮的精華，以為中國現代化之所需，這特別是西方的民權、人權等觀念的輸入中國。孫中山先生力求尋找美國南北戰爭時期的大總統（第十六任）亞伯拉罕‧林肯（Abraham Lincoln，1809-1865）所主張的民有、民治、民享的真諦，並且希望使之能夠與中國傳統理論文化相通的現代化思潮相結合，以促使中國的現代化富強之道。

### （二）西方科學性的文化價值觀

孫中山先生研讀西方許多現代化的著作，而且親自多次

---

16 孫中山，《三民主義之具體辦法》，1921 年 3 月 6 日。同註 1。

訪問歐美等現代化國家，吸取「民富國強」之經驗。認為西方科學的精神和科學的方法乃是中國富強之亟需。其中對於達爾文主義（Darwinism）的體驗最為深刻。所以孫中山先生思想認為要以中國文化為本位而建立一個富有西方科學的政治、經濟、社會的制度至為重要。孫中山先的西方思想淵源來自多端，主要的例子為：威爾遜（Woodrew Wilson，1856-1924）有關民族自決的主張，盧梭（Jean Jacques Rousseau，1712-1718）有關天賦人權的主張，孟德斯鳩（Baron de Montesquieu，1689-1755）有關三權分立的主張，彌爾（John Stuart Mill，1806-1873）有關自由論的主張，沙德（Harriette Lucy Shattuck）有關議事規則的主張，威爾寇斯（Delo F. Wilcox，1873-1928）有關全民政治的主張，喜斯羅（Lord Hugh Richard Heathcote Cecil，1869-1956）有關於四權分立的主張，俾斯麥（Otto von Bismarck，1815-1896）有關於國家社會主義的主張，亨利‧喬治（Henry George，1839-1897）有關於土地單一稅的主張等等。當然的，還有美國南北戰爭時的林肯的有關於民有、民治、民享的主張，法國大革命有關自由、平等、博愛以及俄國哲學家威廉氏（Maurice William，1881-1973）有關社會史觀等等都影響了孫中山先生的思想。[17]

　　美國威爾遜教授於 1912-1920 年間曾擔任兩任美國總統，他是政治學者型的政治家。他主張民族自決的原則，提倡各民族平等互相尊重，以維護世界和平。孫中山先生吸取這個思想；主張對於世界各民族的扶弱濟貧，這可提供西方

---

17 同前註。

資本主義者殖民政策自我檢討的一項重要理論。法國哲學家
盧梭的《民約論》，主張天賦人權，反對君主專制，並且強調
民主政治的重要性，這是孫中山先生民權主義思想的主要來
源。此外，孫中山先生的「革命民權論」，認為民權是要靠爭
取來的，這是隨著社會環境的變化而不斷有追求自由民權的
需要，此民權的來源雖不同於盧梭《民約論》的天賦民權。
但孫中山先生主張民主的思想，在意義上與盧梭的看法是相
同的。至於有關民權方面的主張，在民權的制度上孟德斯鳩
所主張的三權分立說，孫中山先生認為甚有價值，但基於中
國國情的不同，因此孫中山先生多加上考試與監察制度的重
要性；因此其主張五權憲法，以取代三權分立。還有孫中山
先生的《民權初步》的看法，主要的思想是來自沙德夫人，
她著有《婦女議事法手冊》（1891 年出版），孫中山先生認為
國人要實施民主，一定要懂得民主的程序，他的《民權初步》
議事規則，則是取材自沙德夫人的看法。[18]

### （三）眞平等‧假平等

　　經濟與政治是相關連的。經濟自由化與政治民主化，猶
如車子的兩個輪子，是相輔相成的。孫中山先生的經濟自由
思想基本上是來自西方古典學派亞當‧史密（Adam Smith），
詹姆斯‧彌爾（James Mill），亞佛爾‧馬歇爾（Alfred Marshall）
等人的主張，這些西方主流政治經濟思想家皆為自由經濟與
民主政治的思想家。其中以約翰‧彌爾的《自由論》，對孫中
山先生的影響最大。可是孫中山先生有鑒於中國人經濟水準
與西方經濟之已開發國家的英國、美國、法國等仍然相距甚

---

18 孫中山，《民權主義》（第三講），1924 年。

遠，國民教育水準亦較為落後，若一昧採取西方自由市場經濟的發展模式，恐會延續西方工業革命以來經濟發展的弊病，所以他認同德國政治家俾斯麥的看法，主張一些有壟斷性的企業等應由國家來經營，這與中國傳統經濟思想中的管子、桑弘羊、王安石等人的看法相似。俾斯麥的國家社會主義不但沒有傷害自由市場經濟的本質，同時也可防止一些西方古典學派經濟思想所造成的經濟弊害，這就是要阻止所謂的經濟轉變中的「自由病」。孫中山先生的民生主義所主張的國營事業和社會福利等有關的主張，基本上與德國「鐵血宰相」俾斯麥的國家社會主義，在本質上是相同的。中國傳統傳統思想中「平準法」和「均輸法」等政府經濟政策的主張，均有特色。此可防止西方工業革命以來許多社會經濟發展的不正義，不平均之弊。此為孫中山先生所說的希望中國工業革命與社會革命等同時進行，畢其功於一役，是有道理的。中國以農業經濟為主要的經濟體系，土地是農業經濟發展的主要來源。孫中山先生主張的平均地權思想是一個重要方案。孫中山先生反對不平均主義，他所主張的是「立足點」的平等主義，而非「平頭點」的平等主義。因此他主張累進稅，這是垂直面的平等主義，此乃「真平等」，並非為「假平等」。綜觀中國歷史上的平均地權主義如王莽的「王田」或洪秀全的「天田」均不適合於中國的國情，是行不通的，這包括毛澤東於一九五八年所實施的「人民公社」在內，是違背中國的國情。「假平等」不但失去平等的真義，也是反人權的。此足以影響經濟發展的激勵心，誤導經濟資源的充分調配，也違背了經濟發展的規律，當然也是違背市場經濟的基本精神。這種假平等的具體例子是馬克思、列寧主義的「教條」。

孫中山先生認同馬克思人道主義的思想，但他不贊成一八四
八年馬克思‧恩格斯的「共產黨宣言」中的一些想法：沒收
私有財產和企業，並且實施經濟國有化的主張；因為這是「平
頭式」的假平等，違背了中國文化的精神，所以孫中山先生
稱讚馬克思是一個社會病理學家，但他也批判了馬克思主義
謬誤。孫中山先生對於威廉的《社會史觀》（1919 年出版）
著作中關於人類求生存才是社會進化的定律和歷史的重心，
比較認同。威廉氏是美籍俄國人，曾醉心於社會革命，並且
認為馬克思的唯物論主張，有些瑕疵。這個看法也深被孫中
山先生所讚揚。[19]

## 二、唯物論‧唯心論

### （一）「天人合一」的東方思想

　　孫中山先生基本哲學的來源是「天人合一」的東方思想，
是以人為本位的；而不是以西方哲學思維的神權概念。因此
孫中山先生主張「心物合一」論的歷史觀，亦與西方哲學或
偏向「唯心論」或「唯物論」有著明顯的不同。中國傳統哲
學「一分為二」或「二合為一」的調和主義與西方世界的想
法有所不同。東方的中庸主義則是民族革命、政治革命與社
會革命同時進行，畢其功於一役；其反對用暴力階級鬥爭的
方式，而要以和平、協調、融合的方式來解決有關的民族、
民權、民生的問題。這也是孫中山先生所堅持的主張。

　　就以民族主義來說，西方民族主義會變成帝國主義。自

---

19　〈大學〉，朱熹撰《四書集註》，台灣書店，台北，1966 年 10 月再版，
　　頁 11。

從十五世紀開始，西方新航路發現以後，一直展開其所謂得殖民地政策，其中包括經濟的帝國主義，政治的帝國主義，甚至於文化的帝國主義。西方盎格魯·撒克遜（Anglo-Saxon）白人優越感有排他性和歧視其他民族的心態。第二次世界大戰義大利墨索里尼法西斯主義和德意志希特勒納粹主義等便是最典型的例子。孫中山先生則認為中國境內各民族一律平等，並且要扶弱濟傾，對外亦是如此。這是以德服人的「王道思想」而非以力服人的「霸道思想」。這也是人權的具體表現。而孫中山先生也主張要發達世界主義必定要鞏固民族主義。這主要的是要阻止霸權帝國主義的入侵，是防衛性的，並不是攻擊性的。這一方面當前經濟全球化聲浪不絕於耳，這是一個大趨勢，但本身不保護自己經濟，終將被世界上經濟強權所摧毀。例如 WTO（世界經貿組織）的加入，經濟弱小國家要擔心未得其利，先蒙其害。因為經濟落後的開發中國家，其經濟競爭能力弱，容易被宰割。所以全球化的經濟自由主義表面上是公平的，其實是違反公平的。這種情形正如人之天賦有聖、賢、才、智、平、庸、愚、劣等之分，這是天生的不平等。既然如此，所謂的真平等是立足點的平等，而不是平頭式的平等。這正如累進式的租稅措施一樣，不同所得者要有不同的租稅，而既然相同所得者，必須課一相同的租稅。前者為垂直面的平等，後者為橫貫面的平等。如此才是合乎於人權的真正標準。

### （二）內聖外王

中國傳統的孔孟思想亦甚重視人權。孔子所說的「大道之行也，天下為公」便是民權的大同世界。孟子的「民為貴，社稷次之，君為輕」等的思想均是以民權為本意。荀子對於

人性的看法雖異於孟子，主張以教化的方法使之改善則是一致的。這是儒家思想的本質。綜觀中國歷史違背儒家民權為原則的朝代總是不會很長久的，如秦朝、隋朝、元朝等。反之，亦復如此。

易經為中國學術的總泉源。舉凡天文、曆法、氣象、醫學、為政、修身、齊家等宇宙、天道、萬物之生存與延續的變動與發展的規律皆出自易經的哲學現象。它是天道與人道貫通起來的一個思想體系，也是「天人合一」思想的理論依據。儒家思想正是以「天人合一」為哲學內涵，它的「內聖外王」行為方式，乃是中國文化儒家思想的主要精神。

儒家重視人的修身、齊家、治國、平天下的道理。其中中華文化「致中和」的意義重大，它不只是有「中庸」的意義，也是天道觀、人道觀的內涵。它使之能掌握宇宙萬物「行」的道理，也使之生生不息，而能因主觀、客觀因素不斷調整，以達到創新的意義。其基本精神不能偏離易經的哲學基礎，「易經」的易，就是變異的意思，它有求新、求變的本質。因此其在經濟思想上的意義就是要不斷為百姓幸福、國家強盛，也就是希望能達成「民富國強」的道理，特別重視「藏富於民」的重要性，要鼓勵人民去從事於生產與創業，是「養雞取蛋」的長期行為，而不是「殺雞取卵」的短期行為。孔子曾說「財聚則民散，財散則民聚」。[20]又說「百姓足，君孰與不足，百姓不足，君孰與足」。[21]孔子的話是重視民本思想，要讓百姓賺錢，所以主張減免百姓稅賦，以培養稅基，否則無法鼓勵生產，政府的稅源也會消失。這是「養雞取蛋」的

---

20 〈論語〉（顏淵），同前註，頁 112。
21 同前註，頁 10。

道理。另外，孔子也說「是故君子先慎乎德，有德此有人，有人此有土，有土斯有財，有才斯有用。德者，本也；財者，末也。外本內末，爭民施奪」。[22]由此可見孔子特別重視人的德性，所謂「德不孤；必有鄰」，在在說明道德的重要性。若自身有道德，則能與他人共處，也能與他人協力從事於生產。這是和氣生財的道理，否則本末倒置，只重視財不重視德，則人與財都將失去，得不償失。此外孔子也強調勤與儉的傳統中國人的美德。這是儒家思想的特色。二次世界大戰以後，儒家文化圈地區的中國大陸、台灣、香港、日本、韓國以及海外的華僑、日僑、韓僑等等經濟發展有如此傑出表現，這充分顯示在勤與儉的美德上。這些特色可以讓這些儒家文化圈地區高儲蓄率看出。孔子曾說「生財有大道，生之者眾，食之者寡；為之者疾，用之者舒，則財恆足矣」[23]。所以晚清自強運動的濫觴者林則徐強調勤可致富、富可濟貧、儉可養廉，廉可生威，誠哉斯言也。[24]

　　儒家思想「藏富於民」的民本思想也可從孟子得知，孟子曾說「有恆產者有恆心，無恆產者無恆心，苟無恆心，放僻邪侈，無不為已…」[25]。孟子這個思想，也可從其「夫仁政，必自經界始，經界不正，井地不均，穀祿不平，事故暴君污吏，必慢其經界。經界既正，公田制祿，可坐而定也」[26]。此在說明土地乃是生產農作物的主要依據，這是傳統農業社會裡的經濟來源，所以土地公平分配，防止土地兼併與壟斷

---

22　同前註，頁 12。
23　林則徐訓勉其後代子孫知名言。源自林地先生講話。相關資料可參考註 15《中國國富論》，第 621 頁至 622 頁。
24　《孟子》（勝文公上），同註 8，頁 209。
25　同前註，頁 211。
26　《論語》（季氏），同註 21，頁 137。

是相當重要的德政。舉凡周朝周公的井田制度等歷代先聖先賢的經濟思想皆重視土地所有制度的重要性和分配的公平性；孫中山先生「平均地權」的本意也是在於此。由此孔子也曾說「不患寡而患不均，不患貧而患不安，蓋均無貧，和無寡，安無傾。」[27]，這些觀點是相一致的。

有關中國傳統儒家，文化中國有關經濟思想的經典許多，譬如說中庸裡的「時使薄斂，所以勸百姓也」[28]，「來百工，則財用足」[29]，孟子的「春省耕而補不足，秋省斂而助不給。」[30]，等等經濟思想皆為中華民族的之重要經濟文化資產。主要意義在於說明勤儉的美德，以及政府功能的重要性。這些經濟思想的基本精神是私有財產制度和市場經濟的本質，其中政府的功能是為了幫助達到「藏富於民」的目的。歸根究底，中國儒家經濟思想精義是重視「德治」與「養民」。

自從鴉片戰爭以後，中國經濟受到西方經濟思想嚴重的打擊，後加上民族自信心的喪失，崇洋媚外的歪風甚為囂張，於是中國經濟發展方向缺乏明確定位，甚為可惜。

# 三、民主的第三波

## （一）浩浩蕩蕩的時代民主大洪流

在過去二十的世紀裡，全球各地的經濟自由化與政治民主化曾是一種強烈的趨勢。這在亞洲、拉丁美洲、非洲等開發中國家經濟地區也無法例外，但也曾遭到某些程度的衝

---

27 《中庸》，同註 21，頁 29。
28 同前註。
29 《孟子》，（梁惠王下），頁 174。孟子引晏子語。
30 Huntington, Samuel p., "Democracy's Third Way？", Journal of Democracy, volume 2, Spring, 1991, pp.20-37。

擊。但是如何使這些地區民主化，同時也使這些地區民主化的災害減到最低，這是一個甚為重要的事。

杭廷頓教授的《民主第三波》論著裡提到第十九世紀初至第二十世紀初，亦即從西元一八二四年到西元一九二六年是世界民主發展的第一波，因為全球有三十幾個民主國家，後來因為法西斯主義的興起，又使得這些民主國家減少到十幾個[31]。第二次世界大戰以後，這些民主浪潮又興起，於是這些民主國家又增加到三十幾個，此乃全球民主化的第二波[32]。而二十世紀的最後二十年，是全球民主化朝氣蓬勃的年代，因為蘇聯、東歐、以及亞、拉、非洲等許許多多的國家都在這個浪潮中澎湃，以至今日。這是全球民主化的第三波[33]。這個浩浩蕩蕩的民主熱潮，雖說是一個大趨勢，但多少也會一些負面的意義，即就是外來民主消化不良症。主要的現象是造成這些國家政治不安定，社會不安定和經濟不安定等。雖然如此，這個大時代民主浪潮仍然會持續發展下去，勢不可擋。我們必須強調的是全球多元化下，也產生了許許多多不同的價值觀。這在中國儒家文化中也有因各朝各代不同的文化背景而產生不同的所謂理學。當前世界價值多元化也產生了對於民族主義與民主主義之間的論戰與爭辯。因此富有中國特色的儒家思想民主觀與美國基督教民主觀是不同的，拉丁美洲天主教文化價值下的民主主義也與中東伊斯蘭教文化價值下的民主主義亦有所不同。世界其他地區，因為

---

31 同前註。另可參閱劉軍寧編，李柏光等譯，《民主與民主化》，商務印書館，北京，1999 年，第 357 頁至 387 頁。
32 同前。
33 劉軍寧編，李柏光等譯，《民主與民主化》，商務印書館，北京，1999年，第 383 頁。

文化價值觀下所產生民主主義互異，應該給予應有的尊重。
可是世界民主化的大趨勢大洪流浩浩蕩蕩，當然不能逆轉。

　　民主與自由，人權等三者是相關聯的。民主、自由、人
權等的定義因爲世界各地文化價值觀不同而有所不同。這充
分顯示在言論自由、宗教自由、出版自由、結社自由、參政
自由、選舉自由、消費自由、投資自由、生產自由、旅行自
由、就業自由、雇工自由等等方面。換言之，一切自由，民
主的發展均以不發生自由病，民主病爲原則。此可透過公平
的市場供給與需求的原理而產生均衡。而西方文化帝國主義
皆設想移植西方民主、自由、人權等主觀的觀念到世界其他
各地的做法是不智的，中國絕對不做西方外來文化的殖民地。

## （二）東亞儒家文化圈的民主發展模式

　　民主化是要漸進的，不能一蹴而成。在一些經濟開發中
國家，其經濟落後，教育不發達。在這種條件下要推動民主
化是很困難的。因爲某些民智不開，民品低劣的經濟社會裡，
民主化反而容易變成暴民政治，甚至於民主化容易成爲政客
奪權的藉口，這種民主化的結果是反民主的。所以說我們重
視健康的民主，而不是一昧的爲民主而民主。在一些經濟發
展中的國家，追求經濟發展的優先性應超過其民主化的政治
發展。經濟發展是政治發展的先決條件，因爲經濟發展之後，
國人教育水準自然會提高，道德水準也會有所改善。此必然
有利於政治發展。此外，一國經濟發展之後，人民對於民主
發展的需求自然增加。因之，一國若要民主化，最重要的是
要先發展經濟。又若一國政治發展太快超越該國的經濟發
展，其必然會產生政治、社會、經濟等的不安定。因此若要
一昧的發展政治民主化，還不如重視一個賢能以及一個廉能

的政府；亦即先促其發展經濟，進而有效的帶動政治民主化的發展。這或許是一個比較穩健的現代化捷徑。

一般來說，經濟落後的國家，不但其民主化的程度過低，而且政治不清明，內政不安，而且國際戰爭多。反之，經濟比較先進的國家，其民主化的程度比較高，其政治相對的清明，況且國際紛爭少。這個對照可以從北美、西歐、日本等經濟已開發國家以及亞、拉、非等經濟開發中國家等現實狀況等到明確的證明。這或許有一個例外，那就是經濟落後的印度民主化經驗。[34] 東南亞洲地區的菲律賓，印尼、馬來西亞、泰國、緬甸等國家民主化過程中，也有許多的波折的過程，其民主化程度也未臻理想。東北亞洲地區的日本，以及台灣、新加坡、韓國、香港等之民主化過程有待改善之處甚多。這個現象在拉丁美洲的許多國家也不能例外。非洲國家要實施民主、自由、人權等的條件均甚不足夠，主要的原因還是其經濟與教育的水準不甚理想。但有些國家曾堅持實踐民主、自由、人權等主要的目的基於民族主義的立場，在於反抗西歐英、法等列強的殖民主義。他主要以自由、民主、人權等的藉口來反對外來的侵略。其實許多西方列強口口聲聲講究自由、民主、人權等，其實均在其自我民族主義的角度來講自由、民主、人權的。在他們追求民主、自由、人權的過程中，實際上已傷害了許多開發中國家或地區的民主、自由與人權。其理由是他們沒有充分的條件來實施自由、民主、人權。亞、拉、非等地區民主發展的經驗，已付出了許多實施民主化、自由化的代價。

---

34 劉軍寧編，李柏光等譯，《民主與民主化》，商務印書館，北京，1999年，第 383 頁。

　　伊斯蘭教的許多國家，因爲伊斯蘭教教義實踐的異化現象，其要實施政治民主化，經濟自由化等是比較困難的。這些國家亟需一個賢能的政府，但他們往往是欠缺這一個條件。許多伊斯蘭教國家與亞、拉、非地區的開發中國家一樣，不但政治缺乏民主，而缺乏社會正義，這在未來的世紀裡仍然很難解決這一個尷尬的難題。

　　富有儒家文化特色的東北亞與東南亞地區，在二十世紀後半葉裡已展示了經濟發展的亮麗成果，其未來政治發展也令人關注。這些地區經濟發展之後，政治發展是必然，也是必要的。可是東方文化的傳統畢竟與西方有些差異。因此富有東方特色的民主化政治發展模式終將產生。到底東方特色的民主模式是什麼？各方看法不一。第二次世界大戰以後的一九四六年日本憲法，這或許也是一個可以探討的對象，它也是儒家文化的產物。正確的儒家思想並非爲執政者的統治工具。西漢董仲舒的儒家思想、南宋朱熹的儒家思想等均被誤用成爲一種意識型態，這個現象我們也不能苟同。這是因爲儒家思想被曲解了。然而原始儒家思想的基本精神不但不能被曲解，特別那些修身、齊家、治國、平天下等「內聖外王」的思想，甚值當亞、拉、非等開發中國家的參考。依據杭廷頓教授的概念，世界民主發展已經有了三個波瀾，第一波、第二波、第三波，然而第四波呢？在這個二十一世紀裡，隨著經濟自由全球化之後，政治民主全球化的大趨勢，舉世關注。

# 第三章　中國倫理文化史觀

　　中國歷史、文化源遠流長，早期在黃河流域發現不少先
民活動遺跡和他們的文物。這些文物屬於石器時代，石器時
代包括舊石器時代和新石器時代。經過考古學家研究，中華
民族的淵源不止在黃河流域，長江流域也發現了不少舊石器
時代、新石器時代的遺跡，這就是所謂的稻米文化圈。稻米
文化圈以長江流域爲主要分佈，長江流域中下游稻米文化圈
正好跟黃河流域中下游的小麥文化圈做對比。

　　中華民族以長江做界限，以北是黃河流域影響區，以南
是長江流域影響區，但此與珠江流域文化相交叉，珠江流域
是百越文化圈，也以稻米文化作爲基礎。中華民族的源遠流
長是各支的民族相互結合的，到底誰早誰晚？過去研究以黃
河流域爲主。華夏神州地區的講法固然正確，但由於民族融
合和不同族群的互相往來，文化相互交叉、影響，所以中華
民族不應僅以黃河流域作爲主要。珠江流域尤其百越文化跟
華夏神州地區各個民族以及長江流域的各民族結合也構成中
華民族的主要成分。中原諸夏民族加上東夷、西戎、北狄、
南蠻等匯成中華民族祖先。

# 第一節　中國文化發展史略述

　　歷史上有文字記載的傳說，以三皇五帝爲主要，三皇五帝也是融合而成，他們共同的祖先是黃帝。黃帝擊敗了炎帝跟蚩尤而成天下共主，黃帝是各種族群和文化整合出的代名詞，是否真有其人，我們不敢論斷。但黃帝是代表中華民族的共同祖先，黃帝是綜合了當時各種文明和現代化的生活方式。傳說中黃帝有各種發明，如車、船、弓箭、衣裳、曆法、音樂、文字、指南針等等。黃帝是綜合名詞，綜合了炎帝、顓頊、帝嚳、帝堯、帝舜，甚至鯀、禹，而成爲華夏民族。華夏民族在起源時經過各族的綜合，黃帝打敗了蚩尤和炎帝，蚩尤是屬於東夷的民族。[1]

## 一、中華文化與中華文明的本質

　　華夏民族一直往南發展，在中國歷史發展過程中，民族融合一直是從北往南的，南部氣候溫暖，適合人居，所以華夏民族黃帝后代慢慢與南蠻特別是百越民族結合。越人逐漸從中國東南向西南發展。華夏民族不斷向南發展，各民族不斷交叉，各種文化不斷融合。代表華夏的是仰紹文化和龍山文化，代表東夷的是山東的齊魯文化，代表南蠻的是馬家濱文化或者良渚文化，各種文化融合產生中國主流文化。主流文化因爲地區廣闊、民族複雜，難免偏頗，中國歷史上因此

---

1　張岱年，〈儒學與中國傳統文化〉，《儒佛道與傳統文化》，（文史知識主編），中華書局，北京，中國，1998 年，第 7 頁至 10 頁。

不斷產生文化衝擊，然後產生不斷的文化調和。

特別提出的是，黃河流域、長江流域、珠江流域，這些土地上人類活動的歷史到底有多久？這屬於舊石器時代，應該是200多萬年到1萬年以前的事。到底三大流域何者開始？很難劃分。但最後產生融合，則是事實。

中國是亞洲的重要部分，中原文化是中國文化的主軸。中原文化有包容性跟融合性促成了中華民族、中華文化甚至中華宗教的整合。中國傳統文化，以仰韶文化作爲例。仰韶文化距今 7000-5000 年前，是目前最有規模的文化，是史前的中原文化，屬於新石器時代遺跡。考古學家發現了 7000多處遺物，包括黃河上游的馬家窯文化、祁家文化，黃河中上游的仰韶文化，黃河中下游的龍山文化。

以中國來說，小米文化至少有八千年歷史，水稻文化有七千年歷史，畜牧歷史也有幾千年。這是新石器時代狀況。養豬也是新石器時代的事情。

新石器時代後期人類進入青銅器時代，青銅器是銅跟錫的合金。文字使用發生在人類社會比較複雜是時候，中國青銅器時代的時間是西元前 2000 年到西元前 500 年。在新石器時代的後期，緊接著中國產生了朝代；青銅器時代跟中國歷史上的夏商周朝代相重疊，在春秋時代中國已經進入鐵器時代。夏商周三代文化發展比較慢，但確是逐步發展的，每朝都有初期、盛期、中期、晚期，各有特色，但經濟發展較慢，秉承先人生活方式。

夏商周的活動主要在黃河流域的中游、下游，也有學者認爲這個看法不妥，認爲青海地區是黃河源頭，這裏應該老早就有文化活動。不過夏商周的活動範圍的確是在黃河中下

游，包括黃土高原和黃淮平原。地理分佈上夏朝在中間，商朝在東邊，周朝在西邊。就是說夏朝發展到商朝時，中國領土向東擴大，周向西發展，擴大中原領域。夏朝居中分佈在山西、陝西、河南交界的地方。

人類學家研究發現，新石器時代人類活動除黃土高原跟黃淮海平原之外，同時在黃河上游、長江流域、華南、甚至塞北、東北都有分佈，但交流不多。為什麼黃河中下游變成了中國文化的中心？這可能跟氣候有關，這裏四季分明，老百姓勤奮，比北邊、南邊中庸，北邊冷，不宜生存。南邊天氣熱，不止農業、漁業，還有畜牧，天然資源豐富，人比較懶惰；中原地區氣候適中，老百姓勤奮，比較易於發展農業。世界各地，底格裏斯河和幼發拉底河產生的西亞文明、尼羅河產生的埃及文明、印度河、恒河產生的印度古文明。中國以黃河為主，長江為輔，產生中國古文明。長江的貢獻也很大，但歷史上中原故都夏商周為主要源自黃河，過去忽略了長江流域貢獻，強調黃河。總之，黃河、長江應都對中國古老文化產生了影響。

中原文化以夏商周為主，三個朝代互相影響，地理範圍不斷擴大。商朝由東邊征服西邊，產生東西結合；周朝由西向東發展，又是大整合，周朝時中原故土面積擴大。秦滅六國，也是由西向東發展，秦在西方，發展到甘肅地區。到楚漢亡秦時，再向西發展。夏、商、周、秦、漢包括了古老中國疆域和現在的楚、吳、越、越南等地方。漢朝因為滅掉南越王征服了南越王地方，南越王領土不止嶺南地區，而且向西到廣西、貴州、雲南等地區，向南到越南、泰國等區。所以漢朝時中國領土已經包括越南地區，於是楚、吳、越都是

中國版圖。

　　春秋戰國時，春秋五霸、戰國七雄，各國互相兼併，不斷發展，領土擴展。秦時大一統，不僅疆土，而且民族、文化也是如此，這是比疆土更重要的事情。

　　漢武帝攻打匈奴，領土向西發展到河西走廊，甚至新疆也列入了大漢天威的版圖，不止越南，包括遼東、朝鮮一部分，內蒙也在漢朝版圖。漢朝最傑出的是西域，秦時據點在甘肅地區，漢朝打匈奴，向西擴展，秦有功勞，漢也有功勞。隨著中國疆域擴大、民族融合，中西文化交流也因此發生。

　　特別要強調的是漢朝有陸上絲路，絲路是東西文化交流非常重要的階段，中國絲綢從中原向西走，通過新疆到中亞甚至歐洲，西方的東西也輸往東邊。

　　國家興盛，大漢天威跟文化整合有很重要的關係，漢朝也有跟南方的融合，但並不傑出。歷史上民族南移，中原文化也是南移的，中原文化影響南邊的多，南邊的影響北邊的少。東西方由於絲路存在，對於文化整合貢獻非常大。[2]

　　總之中國文化史，從舊石器時代、新石器時代，從傳說到歷史，史前就有民族融合。三皇，指燧人氏、伏羲氏、神農氏。燧人氏鑽木取火，從茹毛飲血到吃熟食；伏羲氏懂天文，人與人之間有倫理關係，伏羲知八卦，並開始崇拜圖騰，開始打獵；從燧人氏到伏羲氏社會進步一層。從伏羲氏到神農氏，社會從火發展到漁獵，再發展到農業，從農業產生醫藥。三皇標誌文化整合，以伏羲作為中心，中國傳統哲學已經產生，伏羲在傳說中跟女媧的關係含蓋了家庭關係。伏羲

---

2　錢穆，《中國歷史精神》，東大圖書公司，台北，台灣，1995 年，第 129 頁至 146 頁。

人面蛇身，產生男女關係，天人合一，陰陽結合，伏羲是中
國哲學的起源。

## 二、宗法制度與封建文化的起源

　　三皇之後是五帝，五帝是指前面所說的黃帝、顓頊、帝
嚳、帝堯、帝舜，以黃帝爲主要。司馬遷《史記》有《黃帝
本紀》，本紀中黃帝擊敗炎帝、蚩尤成爲天下共主，開始有文
化。中國歷史從黃帝開始，他是中華民族的人文初祖，亦即
中國文化的祖先，從黃帝開始引申出的各朝各代，堯、舜、
禹、夏、商、周、秦、漢等，成一脈相承的道統。道統從黃
帝開始，從黃帝開始有中華民族大融合跟文化整合，因此典
章制度慢慢產生了，這也是中華民族生活方式的開始。[3]

　　自有人類以來，在中原的中國應該先有聚落，再發展成
集團，集團先具有城邦的性質，然後慢慢變成城邦，再變成
國家，這是很自然的發展。商朝、周朝是屬於城邦形態的國
家組織，分封制度以氏族爲主，封建制度是維護社會安定的
力量。封建社會中慢慢產生社會倫理，倫理就是從長幼男女
尊卑貴賤產生等級。封建制度現象以宗法組織爲奎皋，宗法
組織以氏族爲主要，長子繼承，這是封建社會的特色，商周
時代基本是這樣。

　　秦以後，這種現象慢慢改掉。秦始皇廢封建，實施郡縣，
行政體系上變得有組織，行政系統建立，形成國家制度，它
從周朝發展而來。周朝分封形成城邦，夏朝基本屬聚落性質，
秦繼承周，在行政體系上有重大改變，是劃時代的開始。秦

---

3 胡寄窗，《中國經濟思想簡編》，北京，中國，中國社會科學出版社，
　1980 年，第 2 頁至 21 頁。

廢封建，設郡縣，建立了中央集權的帝國。秦吞六國後自命為始皇，德兼三皇，功過五帝。秦立中央制度，設丞相管理全國政務，是最高行政首長；又設御使大夫管監察，相當於副丞相；太尉主管國防、軍事。丞相、御使大夫、太尉構成三公，以宰相為最高領導，三公一般是皇帝的親信。之下全國設三十六郡，郡的首長叫太守，由中央委派處理地方事物。郡跟諸侯不一樣，諸侯自主權很大，控制軍隊，將周朝廷看作太上皇，每年納稅、進貢，體制上受天子指揮，周天子管理京畿地區。秦實施中央集權，他的權勢可以到達各縣。周朝各諸侯是周天子附庸，周天子名義是天下共主，普天之下之土莫非王土、普天之下之臣莫非王臣。事實上周天子只管理京畿地區，諸侯有自主權，只要向天子盡義務。這是組織比較鬆散的一個行政體系，這個體系演變成戰國七雄是有一定道理的。秦完全不同，秦郡縣長官由朝廷委派，不是世襲的，中央要考評，論功行賞，與世襲長子繼承制度完全不同。宗法制度以家庭為主軸，長子繼承，周天子是，諸侯也是。諸侯對王室稱大宗，自己對底下的卿大夫也稱大宗，卿大夫是小宗，諸侯尊稱王室大宗，自己是小宗，周天子是天下大宗。

　　宗法制度階層區分明顯，王室、諸侯、卿大夫、士構成四個貴族階層，接下去是平民和奴隸，次序明顯。貴族、平民、奴隸不止統治上不同，經濟上也不同，很保守，但有時代意義，造成當時的禮制、禮儀，維持社會倫理秩序，後來漢朝董仲舒將它制度化，君君臣臣、父父子子，造成儒家體系。春秋末年戰國初期，封建制度逐漸解體，宗法制度功能降低，社會慢慢變成以家庭作為基礎。貴族沒落，家庭變為

社會中心，這造成了戰國時期的百家爭鳴，學術思想發達，平民得到重用。

漢朝秉承秦制度，但加以調整。漢朝地方遼闊，惠帝將漢朝疆域分為十三個監察區，監察區設刺史，刺史管郡或封地，刺史地位高於郡長官，擁有軍隊。漢惠帝由於實際需要而設置監察區，刺史擁兵自重，這是一個重要改變。不管如何，秦漢是統一的中央集權體制，皇帝最高，沒有人能夠制衡皇帝，經常造成外戚與宦官干預政治，權力太大造成敗筆。

夏朝屬於部落組織，農牧社會的聚落。西安半坡遺址距今 7000 餘年，遺址的遺物有陶器、住宅、墓地等，規模有 600 人之多。夏朝皇帝統領各方，據考古發現，夏朝建都陽城，這是京畿地區的中心。

商朝、周朝封地有大有小。諸侯轄地有大小之分。周朝是典型的封建社會，封建社會與夏朝不同的是西周都市的成立，夏朝是聚落而已。陽城是都市性質，是全國中心，都市在周朝擴大。秦朝由於城市變多，變成郡。從聚落到郡縣是很自然的發展。

從夏、商、周到秦、漢期間中國行政組織慢慢改變，這有其必然性。有學術研究價值，本身有發展軌跡。秦漢之前中國文化慢慢定型，中國宗教信仰也已浮現。在聚落的農業社會中，由於靠天，農村社會必然跟鬼神有關係，尤其是中原地區由於黃河水災影響農業生活；祭天，靠天幫忙，使不發生水災，當時信鬼神。相信鬼神能夠帶給國家安定、老百姓生活平安。皇帝的重要任務就是祭天，夏商周時皇帝的任務是為老百姓祈禱。中國哲學的天人合一開始了，人求天，慢慢產生宗教信仰。宗教與文化結合，與人文精神結合是中

國文化的特色。

　　中國幾千年的學術思想離不開天人合一，宗教跟人文結合是中國很重要的立國傳統。中國人相信人死之後升天，升天之後可以管人事，人間未了的事情可以在天上接著做，甚至可以觀察人間。如果人間做得好天上可以保佑，做得不好時，天上的神會給予懲罰。這是天人合一的延伸，人間之人，死後在天上變成神，管人間事情。這無形中勸人為善，做好人將來有好報，在地為人，在天為神，儘量走上聖賢之路，受人崇拜。這是宗教跟人文的結合，中國宗教思想跟人文結合，維繫了中國文化始終運作的力量；在人間為好人，死後做神仙。

# 第二節　中國學術文化史綱要

　　周朝的學術在歷史上有地位，特別是春秋戰國時，周天子勢力微弱，百家爭鳴，很多文獻流傳到各列國，甚至民間，學術普及。孔子將史官搜集的資料加以整理，分成詩、書、禮、樂、易五冊，叫做五書，後來又將魯國歷史編成《春秋》，構成《八經》，五書、八經在學術上有集大成的功勞。

　　春秋戰國時，學術蓬勃，知識淵博的學者自成學派，有九流十家。十家指儒家、道家、法家、陰陽家、名家、墨家、縱橫家、雜家、農家、小說家，不算小說家就是九流。九流十家是這樣來的。先秦諸子百家中重要的是九流十家，各派都有子弟，學術蓬勃。孔子有弟子三千，墨子有弟子三百，孟子弟子車數十乘。

　　秦朝也講學術，任用有才能的人做高官。重視學術，春秋戰國時產生養仕之風。當時有四大公子，他們是齊國的孟嘗君、趙國的平原君、楚國的春申君、魏國的信陵君，他們以養仕出名。九流十家最重要的是儒、道、法、墨、兵五家。

# 一、五家思想與中國世家政治

　　儒家是怎麼來的？儒是讀書人的意思，孔子是儒家。儒家是後來安上去的。儒家是漢武帝丞相董仲舒重視儒學，獨尊孔子，將孔子以及與他學術思想相近的人士，如孟子、荀子列入儒家。孔子開儒學，最偉大，是卓越的思想家、理學家，思想歷久而不衰，歷史上不斷延伸發展。西漢董仲舒有劃時代的意義，唐朝儒、釋結合，綜合道，宋、明是儒、釋、道結合。清朝乾嘉年間儒學有劃時代意義，民國以後有新儒家，以香港新亞研究所唐君毅、牟宗三、徐復觀及後來的余英時等為代表，這是儒家體系。儒家體系中孔子是鼻祖，孟子也算，孟子以仁為出發點，重視性善，"惻隱之心，人皆有之"，重視"王道"，王道以德服人，重視"民意"，"民為貴，社稷次之，君為輕"，重視老百姓的私有財產，非常有市場經濟概念，民富國強，而不是國富民強。荀子主張性惡，人本性不思節制是性惡說的主要基礎，要以禮教化、約束。這些思想與孔子思想一致，或者說是從孔子思想發展而來。孔子主張德治、仁愛，境界很高，他的思想重視"理"，放之四海而皆準的道理。[4]

---

4 劉寶才，韓星，〈儒學的更新發展和現代啟示〉，《儒學與 21 世紀中國》，（構建、「發展當代新儒學」），學林出版社，上海，中國，2000 年，第 10 頁至 22 頁。

　　法家在戰國時特別興盛，在春秋時就已經出現，春秋時齊國管仲是法家鼻祖，而孔子是儒家鼻祖。法家分為重法派，重視法律、規章，依法辦事，重術派，用智慧解決問題，重法派以秦國商鞅為代表，重術派以韓國申不害為代表，還有重勢派，以韓非子為代表，主張以威勢、氣氛制勝，解決國家大事，參照形勢治理國家。

　　道家比較消極，儒、道、法是相通的，但各自強調的不同，道家的鼻祖是老子，老子叫李耳，著有《老子》。道家重點是《道德經》，五千文，各字都有學問。道家主張自然，順應天意，哲學基礎是天人合一。道家的另一代表人物是莊子，莊子叫莊周，著《莊子》，精神與老子一樣，主張自然、和諧、瀟灑。

　　另外還有墨家、名家、農家等思想。農家重視農業生產技術，崇尚自然務實，名家重視“必也正名乎”，名正言順。墨家重視兼愛、非攻，節用，薄髒等。兼相愛，交相利，有比較務實的市場經濟觀念。

　　這些思想發生在秦朝以前，稱先秦思想。秦朝統一之後，實施專制，百家爭鳴不利於統治，所以接受丞相李斯建議，焚書坑儒。醫藥、卜卦、技術的書不在焚之列，法令、史書等燒得很多。中央保留了一套經書百家語，項羽入咸陽在西元前 206 年將這部經書百家語也燒掉了，甚為可惜。

　　民族資產，經過燒焚，到漢朝時（恢復）已經很困難了。漢高祖雖然也不喜歡儒生，但認為治國要用學問，所以命令一些儒生制定國家典章制度；漢文帝重視儒生，請文人憑記憶和民間零星資料整理《詩經》、《易經》、《春秋》，設立經學博士，專職研究古書；景帝儘量使經學博士做官，為政府做

事；漢武帝設立五經博士，接受董仲舒的建議以儒學作爲國
家學問，罷黜百家、獨尊孔子，儒家經典大爲流傳，儒學高
峰發展到另一個階段。

　　雖然如此，中國傳統的哲學思想是從天人合一或者易理
引申的，難免陰陽五行。陰陽五行是傳統中國思想的特色，
跟易經、天人合一有直接、間接關係，在漢初很盛行。漢朝，
因爲經過焚書坑儒，舊有的典章制度沒有了，靠當時人的記
憶加以整理，不是原版，很多經書的漢版都是這樣，這樣來
的經書叫今文經。民間沒燒掉的古書，慢慢出來後，稱爲古
文經。提倡古文經最有力的是劉韻，由於古文經古老不適合
發展的需要。古文經復古保守，與經文經多少有衝突。漢朝
初期、中期基本以今文經爲主，三國曹魏時代以古文經取代
今文經。認爲古文經有價值，引發了後人研究漢代古文經，
就是所謂漢學。漢代基本以今文經爲主，這是可以確定的。
漢代今文經有其特色，後來古文經慢慢匯總，產生研究風潮，
古文經當然有學術地位。

　　漢朝政府機構的官吏出身于貴族、世家、豪門，以後博
士弟子到政府做官，儒者慢慢產生影響力，變成主流派。這
種現象鼓勵讀書人努力，由清寒變爲仕族。仕族讀書人比例
慢慢提高，功臣、貴族、豪門、世家、讀書人等的仕族慢慢
變成新世族，世代交替，子以父傳，成爲壟斷。仕族變爲世
族產生社會積習，這種現象不僅政治上有影響力，也有經濟
利益，政治、經濟相互影響，在漢朝特別流行。

## 二、九品中正的興盛與衰落

　　之後晉朝皇室姓司馬，本身就是世族，世族維護自己利

益，所以晉朝世族很興盛。東晉南遷之後北方世族跟胡人結合仍有影響力，南遷的世族開始時有影響力，後來因為當地勢力興起，原來世族變得沒有影響力了。南朝寒門起來，掌握政權、軍權，原有世族沒落了。永嘉之亂後，北方世族跟胡人結合主要因為北魏太武帝支持，再加上孝文帝漢化，世族在北方仍受重視。北方胡人政權，胡漢共治，胡人權貴與漢人世族結合，南朝就不一樣了。

不管如何，魏晉南北朝以至於五代期間，世族不管在哪個朝代，雖然起起伏伏，但是一個很重要的社會階層，構成所謂門第社會。門第掌握政治、經濟甚至軍事，這是中古時期社會的重要現象。中古時期指魏晉南北朝以至於五代期間，門第社會是很重要的社會階層，非常突出，這是中古時期社會的很重要的特色。

此外，北魏文帝曾採用九品中正法，西元 220 年魏文帝接受陳群建議，設立九品中正法，就是在每州設大中正，每郡設小中正，中正官考核各地任官資格。九品指上上、上中、上下，中上、中中、中下，下上、下中、下下，政府將人才定階級，什麼人任什麼官位，定級的是中正，九品官外設中正官，這個制度叫九品中正，北魏文帝使用。中正官權利很大，每三年重新評定官品，不斷調整。問題是中正官的客觀標準是什麼？全國這麼大，評論是否公正？賞罰是否公平？經常流於形式。從才能、品德看高低很難持久，經常不公正，造成上品無寒門，下品無世族，出身不好的人做高官很難，有勢力的人不做下等官，這是榮華社會的副作用。直到隋朝隋文帝開皇 7 年，西元 587 年，科舉制度取代九品中正。九品中正，這個制度實施了 300 多年。

　　中國歷史上高官與世族有關，既是世族又是高官，有權有勢，利用權勢得到經濟利益，社會很不公正。漢朝土地集中使得上層上品擁有很多土地，下品、寒門沒有土地，土地分配始終不公平，貧富懸殊、社會正義欠缺就是這樣來的。漢朝末年戰爭很多，很多土地因此荒廢。曹操為避免土地重新向有權有勢回流，實施屯田制度，讓軍隊佔有田地，使不至於私有，目的是產生社會公平。晉朝司馬氏廢除曹操的制度，允許世族重新兼併土地，晉朝世族擁有土地，造成社會不公正，晉朝的世族經常是大地主。

　　南北朝時情況有所變化，北朝魏文帝實施均田制，限制土地私人應用。南朝世族雖然後來萎縮，影響力減少，但南朝實施的是市場經濟，手工業、農業、商業發達。北朝因為實施均田制經濟發展多少受到限制。均田制限制每個家庭土地擁有數量，有好處，但多少影響整體經濟發展。

　　儒家思想在漢朝是一個高潮，禮教影響社會倫理，社會秩序良好，整個漢朝一直如此。漢朝，儒教因為產生腐朽儒家，矯枉過正，社會上產生僵化現象，沒有辦法公正全面發展，嚴重的士大夫觀念就是一個例子。晉朝情況不一樣。漢朝特別僵硬，特別重視儒學，晉朝老百姓喜歡自由，老莊哲學被崇尚，在魏晉產生清談現象，大家追求清高生活，閒居、論證，清談誤國。魏晉世族過分清談造成社會政治、經濟癱瘓，沒有作為，在朝、在野的都不想為國家做事。這就是士大夫的無恥。明末清初顧炎武批評魏晉南北朝士大夫所說的意思指在朝不好好為國家做事，在野的不好好為國家建言，這種現象在中國歷史上非常獨特。這是漢朝到魏晉南北朝的不同。

　　清談之風南朝勝過北朝，北方世族雖然爲外族統治，但仍然維持了傳統思想，經學傳家，維持了穩定狀態。南方矯枉過正，對清談、玄學特別放任，比較亂。此時南北都亂，南方尤甚。

　　魏晉南北朝，老百姓生活苦，佛教受老百姓歡迎，人們需要精神寄託，佛教開始發展。佛教在東漢時候從西域來華，西域很多僧人來中國傳教、翻譯經典，魏文帝時他們得到政府支援，允許老百姓變成和尚。佛教在魏文帝時得到發展，之後慢慢傳到南方，南朝很多君王信奉佛教，以梁武帝最爲厲害。漢朝道教興盛，南北朝道教也盛行，但後來慢慢被佛教替代，佛教聲勢超過道教。南北朝雖有佛道鬥爭，基本上佛教勝利，北周武帝滅佛，沒有滅掉，佛教反而興盛，慢慢變成中國主流的宗教。

# 第三節　中國民族文化史要義

　　中華民族是一個有五十六個民族的大家庭，以漢、滿、蒙、回、藏、壯等等民族結合而成，幾千年來凝聚成中華民族，居住在中國，現在也包括中國以外的華人世界，以中國爲主要的中華民族是民族大熔爐。中華民族以漢人爲主，融合東夷、西戎、南蠻、北狄成爲一個大華夏。漢朝大統一，疆域大，文化深厚，漢人的“漢”字始自漢朝。

　　中華民族源遠流長，夏、商、周三朝，夏朝在中間，商朝在東邊，周朝在西邊，三個朝代的演變是民族的大融合，中國疆域擴大，夷狄融合中國則中國之。文化力量、民族包

容性使外來文化，無論先進的還是野蠻的，都中國化了。春
秋戰國各國雖然獨立，但基本以周天子爲主，挾天子以自重，
各國各自經營，開疆拓土，疆域不斷擴大，民族不斷融合，
成爲華夏民族的大集團國家。秦朝統一中國，漢秉承秦體系，
並擴大疆域到達越南。魏晉南北朝由於五胡亂華，胡人到中
國則中國之，漢胡偕同交融。隋唐可比秦漢，又是大一統，
是民族大熔爐，唐朝疆域繼承漢並擴展到東亞，影響到韓國
以及西藏地區，西域也在內，文化已經融入中華文化。五代
十國、遼、金、元、清等各自戰爭雖有破壞，但終究是文化
融合。元是大一統，又是民族大融合，明朝、清朝也是民族
大融合，整個民族是整體性的。

## 一、小麥文化圈、稻米文化圈與畜牧文化圈

　　中華民族有包容性，外族進入中原，領土雖被外族侵凌，
但文化卻佔領了外族。好像希臘、羅馬的情形，古希臘因爲
有文化，希臘被羅馬佔領，雖然失敗了，被征服了，文化上
希臘征服了羅馬，情形很象中國歷史上漢人文化影響外族，
中原經常爲外族入侵，武力上有很多失敗記錄，但文化上始
終是成功的。文化融合造成的民族大團結，中華民族占世界
四分之一人口，疆域廣大，文化、民族是造成這樣的因素。

　　中華文化以長城爲分界點，長城以北是畜牧爲主的草原
文化，以打獵爲主，多少有農耕，逐水草而居。長城以南是
定居文化，以農業的稻米莊稼爲主。長城是華北跟塞外的分
野，是畜牧文化跟小麥文化的分界。東晉時北方是胡人的地
方，早期魏孝文帝漢化政策使南北差距縮小，北朝五胡亂華，
五胡是外族，到中國來逐步適應中國文化，畜牧文化跟農業

莊稼文化結合為一體，區分不明確。除長城分界分割畜牧跟農業小麥文化外，長江也是文化的分界線，長江以北是小麥文化，以南是稻米文化。三種文化結合構成中華民族文化主題，華夷一家。[5]

不止農業、畜牧融合，由於交流，胡人衣服、飲食、音樂、跳舞等方式慢慢與漢人結合，漢胡不分，變成中華文化的一部分。不止經濟生活，而且日常生活方式慢慢變為一體，當中周、漢、唐、清最重要，四個朝代民族文化大整合。

西域指玉門關就是陽關以西的地方，具體講就是大新疆範圍，廣義推廣到中亞、西亞甚至印度。漢朝張騫通西域，與西域建立關係，絲路不止是貫穿中西的物資交流管道，也是文化交流的橋樑。交流不斷，胡人到中原，中國歷朝歷代都用胡人做官，漢朝時就已經如此，唐朝更推進了一步，更促進東西方交流。西域高昌國在南疆，派遣子弟到唐朝學習中國文化，學習漢字、儒學，學習《論語》，以及中國的衣冠文化。中國造紙技術傳到西方也是例子。唐朝本身受西方影響也很深刻，建築、飲食、美術、宗教都可以作為例子。宗教上印度佛教、大秦景教、波斯摩尼教等來的特別多，甚至伊斯蘭教。科學上阿拉伯數字，醫學、舞蹈、音樂都是從西方來的。

漢朝是東西方漢胡交流的最主要朝代，文化來往漢朝也是高峰，唐朝又是一個高峰。漢唐外族文化與中原結合也不免有文化衝擊，產生火花，火花是代價，衝突過後的文化融合帶給了漢唐以盛世。文化交流是互惠的，中國文化遠播各

---

5 錢穆，《從中國歷史來看中國民族性及中國文化》，聯經出版事業公司，台北，臺灣，1985 年，第 99 頁至 122 頁。

地，唐朝文化影響到朝鮮半島、暹羅、日本。東北亞跟唐朝
關係密切，目前主要東北亞文化受唐影響深刻，以朝鮮半島
的新羅州為例子，它引用了很多唐衣冠，用了很多漢字。三
國時日本就已經吸收中國文化，隋唐時派遣隋使、遣唐使到
中國來學習。七世紀時日本孝德天皇推行大化改新或者大化
革新，本身就是唐化運動，日本文字是日本遣唐副使吉備真
備利用中國楷書作成片假名，空海和尚利用草書作成平假
名，日本文字是從漢字來的，日本人喜歡的書法藝術，是中
國的東西，日本茶道也是受唐影響。唐朝在東北亞影響很大，
而以朝鮮、日本為主要。唐朝中國文化散播四夷，中國儒教、
佛教、科技、天文、算術、醫學傳播到各地，築成儒家文化
圈。

　　宗教與文化息息相關。中國宗教是道教，它從天人合一
的哲學產物，信奉多神。春秋李耳將有關哲學、文化凝聚成
為《道德經》；後來《道德經》五千字遂成為道教的主要經典。
中國歷朝歷代都將道教思想予以延伸、解說，跟儒家思想結
合，儒、道一家，唐朝以後佛教再與儒教結合，構成儒釋道
結合局面。中國基本的思想是儒釋道結合，源自《道德經》，
在此之前的信仰是天人合一所產生的神或者巫術。

# 二、民族文化史與中國的宗教

　　道教除理論思想之外，還跟方士結合，方士有煉丹和神
仙之術。方士和儒術構成道教思想的主要來源，方士主要從
漢代開始並發達之。各朝代思想不斷延伸，方士跟儒生結合
因朝代不同而有不同內涵，總離不開儒釋道範圍，到底是哲
學味道重還是宗教味道重？如果接近儒，理性成分大，宗教

色彩少，如果接近佛、道宗教色彩多。神仙問題很複雜，中國崇拜的聖賢，立德、立言、立功者都可以變成神仙。因為如此歷代都有邪教產生，邪教多少影響社會安定。

道教開始于東漢，當時戰亂，老百姓需要精神寄託，張角建立太平教，張陵創立五斗米教。張角太平教以《太平經》為主，吸收了很多弟子，利用神仙號召為人治病，變成了神仙怪談，走進邪門，造成黃巾之亂。情形與張陵不同，張陵有教規，雖然也為人治病，但有教規，與太平道不同。五斗米教因為比較正規，發展下去了。五斗米教名稱源自入教者需交納五斗米，後來稱天師教。黃巾之亂平定後，很多太平教人分散掉，併入天師教，五斗米教所以流傳很快。此時因為戰亂，佛教也發展起來，在東漢時傳入東漢。佛教跟道教結合，佛道一家，佛教哲學和黃老哲學是相通的，並且認為佛和老子都是神。

魏晉南北朝重視玄學，玄學就是《易》、《老子》、《莊子》，基本以老莊思想為主，順應自然，道教有理論基礎，很快發展。老百姓在沒有精神寄託時，更認為人可以成仙，跟醫藥結合，加上人成仙期望，不但可以治病還可以成仙，很適合老百姓需要，很快流傳下去，道教自然而然成了中國民間信仰。儒道結合，道的成分在民間易於被接受，儒的成分易於被貴族、官吏接受，道教思想體系跟中國文化息息相關，源遠流長，在歷史上有極為重要地位。

南北朝是道教發展的重要時代，儒、佛、道也有衝突，歷史上文化融合之前必然有文化衝突。道、儒、佛的文化衝突時間很短，基本上是合流的。一旦掌握了中國文化的支柱，歷朝歷代都承襲之。儒適合做官的貴族、高官，但也不盡然；

道是大眾易於接受的，人求長生、免疫、治病，由信仰變成神仙之道。道相信做好事變成神仙，做壞事則變成鬼，鼓舞社會從善，成為中國民間重要的精神支柱。也有例外，北周武帝尊崇儒術，排除佛教、道教，要佛教沙門和道教道士還俗，廢除佛教和道教，但時間不很長。

隋朝文帝和煬帝重視佛、道，文帝偏重佛教，煬帝偏重道教，但基本是結合的，每人心中有儒。唐朝國姓李，與老子同宗，特別推崇道教，唐高宗強調道在前，然後是儒、佛，這種次序高宗時宣佈，保持了很久。最後還是道、儒、佛合而為一，綜合出一條路出來。初唐重視道教，除政治因素外，還因為相信道教煉丹之術可以長生不老。煉丹不見得科學，不會持久，需要佛、儒的結合。歷史上道教全盛就是煉丹的黃金時代，產生迷信，認為煉丹、吃藥萬能，造成很大傷害，甚至死亡。

不管如何道教是中國主流文化和宗教，藏書、研究非常豐富。魏晉南北朝時就有很多著作，唐高宗時道教典籍有七千多卷，歷史上每個朝代都撰修道藏，道藏包羅萬象，除道教經書外還有諸子百家著作，是中國文化的中心所在。研究道教發展史非常有學術價值。

曹操討伐黃巾之亂後得到政權，民間信仰上道教雖然受到抑制，但時間比較短。魏晉以後思想文化自由放任，時尚清談，政治上沒有高壓，國力不強，道教發展很快。《老子》、《莊子》跟《周易》，三者是結合的，並稱三玄，構成魏晉南北朝的主流文化，這個主流文化從老莊思想，自由放任，強調無就是有，通佛教的空。空、無結合，魏晉南北朝道教發展，佛教跟著發展，彼此互相影響。魏晉南北朝時期，印度

很多僧侶來到中原，已經有中國人開始剃度，甚至有人到西方求經，佛、道結合。河南洛陽是道、佛的會聚點。

佛、道發達是因為中國不安，民不聊生的時期。西晉五胡亂華使佛教、道教發展。北方在佛、道中間特別傾向佛，南方比較傾向道，孫吳則傾向佛，建業逐漸成為佛教中心。與南朝情形相反，早期是北朝信奉佛教，後來佛教很快在南方發展，南北朝國家分裂，北方佛教跟道結合，重視修行、禪法，南方佛教重視易理、實踐。雖然開始時北方重視佛教，南方重視道，後來南方也重視佛。兩者不同，北方重視理論，南方重視實際。

佛教跟道教是融合的，地區偏重不同，原因是歷史、地理不同引起。佛教來自印度，當然要有一段適應期。佛教東漢來到中國，多少有所波折，基本跟中國文化結合。道教從西周開始，歷史淵源早。佛教開始時以出家為主，中國儒、道以入世為主，方向不同。不止佛教、道教、儒教結合在中國不同地區有所偏，甚至道教在南北中國也有所分，北派重視修道，北派傾向出世；南派重視實踐，南派重視入世。佛道結合在中國慢慢傾向入世，與中國文化的治國、平天下，忠孝、節義結合，符合中國傳統思想。

隋唐兩代佛教鼎盛，兩代二十幾位皇帝中除唐武宗反對佛教外，其餘都不同程度地信奉佛教。隋唐兩代佛教鼎盛，宗派林立，學術思想發達，各派之間競爭。重要的佛教派別有天臺宗、唯識宗、華嚴宗、淨土宗、禪宗、密宗。天臺宗是中國佛教第一個宗派，開始于隋朝，是佛教中國化的開始，是中國化的佛教。唯識宗也叫法相宗，來自印度，偏向唯心論，是唐朝的重要宗派。華嚴宗的特色是心物合一，務實。

禪宗來自達摩祖師，是南朝梁武帝時透過嵩山少林寺傳入南方，禪宗重視悟性，見性成佛，在晚唐五代時盛行。淨土宗認爲人死後往生淨土。密宗希望通過苦修產生的神秘力避開災禍，得以造福，得好報。[6]

佛教宗派，法相宗屬於唯心論，是唐玄奘帶來的，譯經貢獻最大的是唐玄奘。法相宗是唐代的佛教宗派，影響非常深遠。唐玄奘從唐太宗貞觀十九年，西元 645 年，到唐高宗麟德元年，西元 664 年，二十年間共譯出佛經二十五部，一千三百三十五卷，占唐代譯出經典總數的一半以上，非常了不起。

五代十國五十幾年佛教推展得很快，周世宗毀佛崇儒，事實上佛教與中國文化相通，禁不掉的，佛教在中國不斷發展。南北朝佛教盛行，北朝佛教石窟很多，比如甘肅敦煌莫高窟、山西大同雲岡石窟、河南洛陽龍門石窟，其餘各地寧夏、陝西、河南、河北、山東、遼寧，到處有石窟，這是很重要的藝術品，跟宗教有關。建築上也是，南北朝很多銅做的佛像，石雕的很雄偉。雕刻文字造成佛教文學發達。

唐朝繼承前朝遺風，佛教雕刻有特色，石窟中最出名的是敦煌莫高窟。莫高窟中有兩百多個唐代洞窟，窟中很多佛像規模很大，內容豐富，這是中華民族很了不起的民族遺產，跟佛教息息相關。唐朝除宗教雕塑外，陵墓也很有特色，構成中國文化特色之一，是我們民族的遺產。

---

6 唐君毅，《中國文化之精神價值》，正中書局，台北，臺灣，1979 年，第 439 頁至 445 頁。

# 第四節　中國文學文化史要義

　　魏晉時期文學很發展，因此文學作品典雅。從漢獻帝建安時期作家開始定音，作爲出發點，南北朝文人善寫景色，山水、風雨、景觀等，也有論及時事的，關心國家大事。劉勰《文心雕龍》是評論性的作品，樹起了文學評論時事的典範，文人關心國是，所謂“風聲、雨聲、讀書聲，聲聲入耳，家事、國事、天下事，事事關心”。

　　唐朝因爲科舉制度和帝王提倡，文學大放異彩，唐朝是中國歷史上的文學顛峰時期之一，名家輩出，風格有特色。尤其是唐詩和恢復秦漢古文風格，復古色彩濃厚，以韓愈、柳宗元爲代表。唐代以詩辭爲主要，詩爲主，詞爲輔，風格影響宋朝，形成唐詩宋詞，詩辭不分家。唐以詩領先，宋以詞發展，唐詩宋詞各有特色，其貢獻很大。

## 一、佛教的藝術文化與文學

　　中世紀的中國，魏晉南北朝藝術發展很好，以佛教藝術爲主要，很多印度佛教藝術在中國生根，石窟中敦煌莫高窟可以作爲例子。兩晉時期中國書法藝術發展很好，王羲之、王獻之父子很有造詣，唐朝藝術書法之外，水彩畫描繪山水、花鳥、風景、人物，也很有特色。唐朝書法出名，顏真卿、柳公權等是大家，楷書、草書都有很好的典範。文學上建安特色重點在文章的典雅高貴，代表人物有曹氏父子、孔融等，很傑出。曹丕詩歌以描述當時狀況構成特色，將天下大事用

詩描述，很是精華，以詩描述國家大事者曹丕是典型例子。
文字上重視高雅、修辭，也帶有對社會責任。曹植也是同樣
的，文字簡練，比喻表達憂國憂民和對河山的熱愛。

　　建安時期文學重視寫實，關心社會。詞賦很有感情，牽
引讀書人心聲。建安時期文學非常有特色。文章乃是經國之
大業，不朽之盛世。關心國是、提出建言，先天下之憂而憂。
魏晉南北朝政局不穩定，儒生不得重用，清談風氣盛，文學
創作上是自由風格。經過漢朝儒學的拘謹時代，魏晉南北朝
自由放任，重點在清談。總之當時，在朝的文人沒辦法奉獻
才能，在野者清談誤國。

　　中國漢朝以後士大夫觀念深，受儒學影響，知識份子想
做官，做不了，則號稱不做官，國家亂時，知識份子沒有勇
氣去做官，國家人才沒有充分利用。西晉時期文學發達，晉
武帝統一中國時，社會風氣奢華，經濟發展之後，文學也發
展。西晉永嘉之亂發生之後，北方人跟胡人作戰，以詩為主
的文學函蓋了悲憤在內，憂國憂民，家破人亡。晉初期社會
繁榮安定，詩詞優美、高貴，與永嘉之亂時期不一樣。永嘉
之亂文人做不了官，政府群妖競逐，眾魔當道。東晉時期文
人對現實不滿，憂心國是，文人不見得能為國家做什麼，加
上老莊玄學風氣，文人對詩辭散文寫作雖然憂國憂民，但很
多人寫諷刺文章，有人逃避現實。陶淵明東晉後期的作品《桃
花源記》，將理想社會描述了出來，描述目前黑暗，憧憬田園
之樂的境界，是當時作品的代表；憂慮當下但苦中作樂，祈
望未來境界的來臨。

## 二、南北朝文學發展的特色

南北朝南方多半是貴族跟當地土族結合，很多南遷的貴族帶文學到南方，文學鼎盛，境界上超過北方。北方作戰，外族雖然也重視文人，重視文化，但開始時並沒有發揮出來，南方文學上發展得很快、很好。南方作品函蓋了詩、賦，風格典雅，不離憂國憂民思潮，有報負，想到逐鹿中原，回思故國河山美。北朝不如南方，北魏孝文帝注重漢化之後，北方文學於是有所發展。

唐朝國勢強，科舉制度加上帝王重視，唐太宗強調文章千古事，社稷一戎衣，重視文章，唐朝詩、詞、賦，特別是詩構成高峰，有特色。唐詩作者多來自民間，貴族詩人有但少，唐朝政府科舉制度主張以詩取士，君王喜歡文章，跟文人做朋友，提拔文人到政府做事，重視儒學。唐代國家興盛，文學發達，值得一提。唐宰相魏徵有詩詞才氣，也有爲國做事的能力。唐朝無論初唐、盛唐，中唐、晚唐，整個唐朝幾百年人才濟濟。

五代文學主流是詞，一直延續到宋。詞將詩句配合音樂以歌唱，唱詞自有風格。五代中原亂，文風不盛，邊緣地區的十國反而表現好，以巴蜀、南唐最興盛。

宋朝詞是顛峰，詞人很多，歐陽修是例子。宋詞離不開文人憂國憂民的傳統。宋詞大家很多，比如蘇軾、李清照在歷史上大名鼎鼎。魏晉南北朝政治動亂，社會不安，藝術進入新境界，多少受玄學影響，順應自然，自由放任。其在求真、求善、求美的藝術上有特色，特性是多樣化，多元化。藝術上秦漢以後又是一個發展的重要階段。不止在書法、雕

刻、繪畫都有歷史地位。佛教雕塑具有代表意義。佛教在南
北朝盛行，北朝石窟基本以佛教文化爲主，有中國佛教特色。

# 第五節　中國經濟發展史綜述

　　魏晉南北朝隋唐五代是中國的中世紀時代，宋開始進入
新時代，這個時代的特色與過去不同，這個時代是經濟發展
的時代。中國科技、農業、簡單手工業有所發展。元朝秉承
宋體制並加以發展，明朝、清朝經濟都很好。從《馬可波羅
遊記》裏看出，當時處於世界前列，遠遠超過西方，這是中
國歷史的驕傲。宋、元、明、清，在鴉片戰爭之前中國經濟
有世界歷史的地位。

　　宋朝國家重心在南方，跟當時經濟環境結合，宋朝是南
方經濟爲主的經濟體系，中國經濟過去在中原有基礎，農業
方面向南方發展，宋朝重點在南方，因此，政治中心南移。
宋朝是南方經濟發展最好的階段，這與宋朝的政治中心有
關。與宋並存的遼、金、西夏雖然也很強盛，基本上在文明、
政治結構上不如宋朝，宋處當時中國主導地位。宋朝之前北
方戰亂，很多地方成爲廢墟，人禍天災，破爛不堪，需要重
建，南方沒有受到這些影響，加上運河關係，經濟繁榮，人
口增加。當然有北方移民，但本身基礎不錯。南方典章制度
很好，土地制度完整，可以自由買賣，雖然自由買賣也產生
後遺症，貧者無立角錐之地，富者富甲千里，但自由買賣提
高了農業生產力，農業單位面積土地生產量提高，經濟的主
力是市場經濟。所以南方土地利用充分，糧食供應充足，加

上人才濟濟，農業改良促進農業發展，農業是國民經濟的基礎，農業發展之後帶動工業，南方經濟相當繁榮進步，與北方形成對比。總之，經濟上北輕南重。

## 一、中國經濟發展重心的南移

宋朝，不止農業、工業發展，甚至商業也發展起來，當時宋朝很多大城市如泉州、廣州紛紛起來，江南地區經濟發展快速，長江流域經濟發達，江南市場經濟與私有財產制度建立，當然政府扮演了一些角色，商人介入經濟活動，這就是以農立國，以工強國，以商富國的經濟哲學。南方經濟發展在良性循環中，產生了農工商專業化的經濟體系，城市、城鄉不斷發展，加速了的城市之間的商業活動，使交通發達，不管水運、陸運都很發達。

總之商業化是宋以後江南經濟的特色。商業化以後人口增加，傳統社會經濟結構、社會結構產生變化，富裕商人出來，社會階層商人地位提高，傳統士農工商社會觀念慢慢受到商業發展的挑戰，富有人家增加，"食廩實則知禮節" "衣食足則知榮辱"，商人致富後，基本生活過得很好，重視休閒生活跟藝術生活。所以當時不止科技進步，藝術也發展起來。

商人也有組織，商人同業工會叫行會。相當於現在的工商業團體，發展得很好。比如銀行發展，雖然難免有高利貸現象，山西商人的票號發展到東南地區。宋、元、明、清，特別是清金融業慢慢發達。金融業發展國際上來往，建立海上絲路，加上西方猶太人束來，西方商人來到中國，東南地區，金融組織扮演了重要角色。金融在宋、元、明、清發展

有其時代意義。

　　因為金融業發展，科技發展，中國商用數學，就是珠算發展起來，很多科學發明這時出來。這是當時經濟發展的狀況。發展結果是商人地位抬頭，科舉制度開始于隋朝，以後各代有發展。宋朝以後因為商人地位提高，難免官商勾結，為防止弊端，更重視科舉制度，只有這樣才能使得寒門為政府做事，使有才有德的人為國家所用。科舉制度宋朝更有嚴密組織，重視防弊。加上宋代印刷術進步，書籍流傳很廣，考試的人很多，這有助於宋朝全國教育發展。

　　宋朝科舉制度考試科目很多，內容隨時調整，制度很嚴格。經濟發展，社會制度變革，需要大量人才，科舉制度更重要。科舉制度在宋朝扮演了很重要的角色。

　　明朝的科舉制度更有進一步發展，全國讀書人必須要經過禮部考試，考試是全國性的，各省、各地區都分配有名額，並保障落後地區。明代科考的特色就是四書五經為主要內涵的命題，考生必須重視寫文章的格式，文章要有一定結構，這就是八股文。太重視形式往往使思維受到局限，影響整個國家學術的發展。

　　宋朝之後科舉制度的好處在於公平，這是中國的特色，避免走後門，和受皇親豪族影響。政府唯才是用，使得過去的上品無寒門，下品無世族被完全打破，只要有才能，考試及格，就會有機會在朝做官。

# 二、士大夫觀念的興起

　　上述所謂上品無寒門，下品無世族這個現象就打破了，這就是說只要用功讀書，有才德的自然而然有機會的翻身，

不管出身有多壞。科舉制度使得貴族跟平民之間差距縮小，過去上品無寒門，下品無世族的限制打開了，變成萬般皆下品，只有讀書高，甚至書中自有黃金屋、書中自有千鍾粟等變成了讀書人的座右銘。這種現象使得社會儒氣提高，國人明禮義，知廉恥，有才氣的人拼命科考，有助於社會、政治、經濟安定。科考結果使得貧窮的人有機會為國家做事，寒門子弟反身變成仕紳階級，在朝做官，變成特權階層，與平民不同了。做官以後整個狀況反過來，甚至享受很多特權，包括司法、土地、車馬等，變成新的特殊階級。社會追求目標是科舉，中國士大夫觀念就這樣建立了。

這種現象有正面意義，但也有負面作用，影響整個社會價值的多元化。耕讀世家明清社會金榜提名時光宗耀祖是整個社會追求的目標，科舉成功不但名利雙收，還光耀門庭，祖先得到榮耀，後代得到蔭應，這種現象是中國社會的特色。社會雖然得到安定，但士大夫觀念影響一千多年，甚至現在還有影響。

這種觀念根深蒂固。這種現象有正面意義，不過 21 世紀的中國邁向現代化還要清除這些觀念，這些對國家現代化發展有些方面有不利影響。社會價值不是多元化，而是單純化。中國士大夫觀念中婦女地位很低，女的在家庭負責，男的在外面，女的地位低男的地位高，變成父系社會，不是母系社會。不過中國男女不平等由來已久，這是中國歷代的特色，雖然重男輕女全世界各國都多少有這種現象，但中國特別厲害，這與士大夫觀念多少有關係。

中國歷史上有烈女傳，認為女性主陰，男的主陽，陰的主內，陽的主外，陰只能配合陽，陽尊陰卑的觀念在先秦春

秋戰國時代就已經存在，女的始終處在弱的地位，甚至只被認爲是傳宗接代的工具。西漢董仲舒罷黜百家、獨尊儒術，提出三從四德。女人出嫁前聽從父親，出嫁之後從夫，丈夫死了，聽從兒子的話，是以男性爲主體的家庭結構。這裏婦女地位相對的低。當然婦女地位低下有歷史因素，中國農村社會需要多子多孫，多男子，一夫多妻，女性變成附屬品。女性經濟能力、生產能力、體力比男人差，被認爲是消費者。還有嫁妝問題，生女的不好，生男的才好。家庭生女的太多被認爲不吉祥。[7]

　　中國歷史上婦女變成男人的附屬品，這是很不應該的。纏足始于隋朝，五代以後特別發達，纏足使得婦女行動不便，更要依靠男人，這種現象使得婦女地位降低。社會很不公平，提到陰陽，男的叫陽，女的叫陰，陽的吉祥，陰的兇惡，陽間陰間有別，人生在陽間，死後入陰間。這種思想造成社會大災害，使得婦女地位低下。固然中國歷史上有傑出女人出現，但不多。唐朝武則天做皇帝是權利最高的時候，其他中國歷史上女性出頭的並不多。婦女在地位上附屬於男性，社會對男性要求少，要求婦女的多，要求婦女守節，餓死事小，失節事大，婦女要守貞潔，男人規範少，女人規範多，非常不公平。社會上很多法令規章都獎勵婦女守節，這些規章都是男人訂的，非常不合理。這些現象都是由中國士大夫觀念形成的，科考上基本是男的，女的受到很多限制。窮人可以通過科考出頭，女性無法這樣出頭。在中國歷史上女性站在極爲不利的順從附庸地位，這絕對不公平。這種現象也影響

---

7 同前，第 12 頁至 16 頁。

經濟發展，很多女的有能力有才氣的沒有辦法發揮出來。婦女社會地位不如男人，這種現象目前在現在 21 世紀還存在。這是現代化的障礙，隨著科技不斷發展，應該屏除男女不平等觀念，這點極為重要。隨著社會經濟不斷發展，婦女必然走進社會，走進工作崗位，在社會上的地位會提高。

重視婦女社會地位有助於現代化和國家經濟發展，中國歷史上婦女因為傳統士大夫經濟影響，餓死事小，失節事大，政府鼓勵重視節操，寡婦可以免除租稅和差役。這種吃人的禮教固然它有時代價值，多少阻礙了國家經濟發展，這是有關道德的定義。道德因時空不同，標準也要做調整。

## 三、中國科技發展與經濟發展的特色

中國科學不是西方科學所能解釋的，例如中國歷史上的神醫有其特殊價值，他們很多看法在西方認為是非科學的，但他們談出來的話對很多問題，特別是對病症的判斷經常是合乎科學的。西方醫學重視科學，他們說中國醫藥不合乎科學，事實上中國對病人的看法，雖然沒有經過儀器驗證，結果跟科學實證是一致的，很微妙。中國人強調科學、哲學甚至宗教三者結合，有神秘性，更有價值性，非常值得進一步探討。不止醫學，在天文、農業、造船、數學、生物等方面中國曾經有光輝歷史。這些科學是前人累計下來的，是中國特色的經驗科學，應該給予發揚。發揚之前應該給予肯定。

宋朝、元朝是我國科技發展很快的朝代，這與當時經濟發展有關。宋元兩代正好也是中外交流發達的時候，交流也促進中國科技發展。

明朝以後科技發展沒有具體成就，明朝末年科學家宋應

星觀察各種生產事業的過程，比如造船、水利、天文，將它們用圖和文字記錄成科技百科全書，叫《天工開物》，這本書是中國第一部有關科技的百科全書。

宋、元、明時期因為跟外交流，刺激中國科學進步，西方科學傳到中國，利馬竇是製造天文儀器的，徐光啓翻譯幾何本，愛汝列從事三角測量，湯若望翻譯上有貢獻，將徐光啓的作品加以修正，給順治皇帝採用。這些西方人士，特別是傳教士對中國科學是有貢獻的。徐光啓不僅翻譯了幾何原本，還自己撰寫了《農政全書》，這些多少受西方影響。西方人士以耶穌會的為主要，馬丁路德從事宗教改革之後，天主教本身自新運動，耶穌會作為天主教支派向外擴展，救濟貧窮，通過介紹西方科學方式吸引知識份子加入，促進交流。

醫學在北宋時已經發達，中國醫學從神農開始，歷朝歷代都有改進、創新。醫學本身是中華民族民族資產，北宋在醫學教育上貢獻很大，舉凡在內科、外科、眼科、耳鼻喉科、婦產科、針灸科等等均有獨特貢獻。宋神宗在京城以及重要地方設立官藥局，一方面配方，一方面出售成藥。政府重視，醫學研究大有發展，無論臨床實證還是病理研究都有進展。明朝代表人物是李時珍，著有《本草綱目》，李時珍出生於醫藥家庭，一生研究醫學，《本草綱目》花了三十年時間，參考書籍八百多部。

總之，明清兩代傳教士來到東方，介紹很多西方醫藥知識，使中國醫藥進一步發展，明清醫學發展有很大貢獻，尤其是明末清初時期，中西結合發展。

除醫學外，農業上中國也有特色。農業範圍很廣，包括稻作、麥田、茶葉、畜牧、農業加工等不斷發展。中國以農

立國。農業以外是航海技術，宋朝以後航海特別發展，指南針的應用，使航海事業特別發展。明朝鄭和下西洋，乘的船叫寶船，寶船標誌中國航運設備的新紀元。

　　礦業冶金術在中國有光輝歷史，中國印刷術的發明對世界有所貢獻，西方文藝復興發展貢獻很大。北宋仁宗時畢昇發明黏土活字版印刷，是印刷術上的很大貢獻，很快傳到朝鮮、日本以及西歐，印刷術對現代文明貢獻很大。造紙業在我國東南一帶發達，唐宋衣冠南渡，很多有識之士南渡，造紙業在東南沿海幾個省，江蘇、浙江、福建都有重要成就。

# 第六節　中國儒學發展史概述

　　宋代對儒學的重新解釋很重要。宋代學術上是一個高峰發展，不同於以往學者，對儒家思想給予重新解說，以前對儒學只是加以注解，死守傳統，宋以後儒學重新發展，給予新的生命力。宋儒學根據義理加以引申，這是宋代儒學學術的重要發展。宋代儒學學術叫理學，叫宋學也可以，它是對儒家思想的重新解釋，基本上不信鬼神。理學思想從漢朝開始，經過幾代，尤其是佛學、道教介入，宋雖然強調儒學，依然離不開儒釋道範圍，宋以後各代直到民國共九百多年，是儒釋道綜合的年代。《大學》、《中庸》、《論語》、《孟子》四書以孔孟思想爲主，《詩》、《書》、《禮》、《易》、《春秋》五經是儒學經典，五經從四書引申，宋朝以四書爲主，不重視五經，根據孔孟道理引中山新儒家。朱熹是宋明理學的代表，主張以四書爲主，雖然五經在宋朝也被認爲是國家取士與教

育的標準，到朱熹時基本以四書為主，不重視五經，朱熹同時的程顥、程頤兩位兄弟，以四書為主，他們共稱程朱。程朱基本以《論語》、《孟子》為主，引申出很多道理，修身齊家、治國平天下等都根據四書而來。朱熹又將四書重新加以解釋、引申使活生生適合時代需要，給儒學新生命，新的時代意義，重新給以解釋。朱熹著作裏包括《四書集注》，將以四書為主要內容的孔孟思想加以解釋。《四書集注》是朱熹畢生的重要貢獻，貢獻在於打破了傳統儒學。漢儒以後因為社會戰亂道教興盛，佛教加入，僅對漢儒加以解說是不夠的，因為時代要求知識份子認為必須推翻過去看法，打破了只是尊重過去傳統四書五經為主的思想，破除過去迷思，走入新儒學境界。基本以四書為主，將四書觀念加以理性引申，特別講義、理，心性方面解釋的功夫，從很多事實、環境需要找到理論依據和道德標準。四書是根據孔孟標準引申的，孔孟是聖賢之人，五經環繞四書，朱熹跟二程不重視五經，認為五經已經過時，不是正義所在。

## 一、宋明理學新儒家

根據四書引申出理學，理學除修身齊家治國平天下道理之外，重視致知、誠意、正心等是知識份子的修養工夫。這個觀念得到當時社會知識份子的共識，認為這才是當時儒學的本質。當時的儒學是儒釋道的結合，儒學的新時代意義。

儒學重點是去人慾，存天理，為天地立心，為生民立命，為萬世開太平，為往聖繼絕學。宋明認為這是真正儒學的意義，但陳義太高，高超的道德標準，是否合乎實踐意義呢？有待斟酌。

　　這個學問誠如韓愈所說是中國傳統文化的一個道統，堯、舜、禹、湯、周公、孔子、孟子一脈相傳，宋明理學自命為是中國的道統。宋明理學重視心性、修養，跟佛教重視心跟宇宙是相符合的，理學應該包括佛教、道教道理，構成儒釋道。佛教盛行曾經為唐朝反對，韓愈是反對佛教的，但最後融合了佛教思想，儒佛一家，韓愈反佛到尊佛反映出儒跟釋在觀念道德上基本上相輔相成。

　　北宋理學家以程灝、程頤為主，還有周敦頤、張載，他們是宋儒的開始，將宇宙道理與人生道理結合，宇宙作為本體，推導人生正道。南宋理學家以朱熹跟陸九淵為主，朱熹推崇程灝、程頤，所以叫程朱學派。朱熹跟二程思想接近，從個人修養與社會的角色的結合，使個人修養與宇宙貫穿起來。

　　南宋跟朱熹思想不同的是陸九淵，他也是一位儒學大師。他的思想跟朱熹不同，朱熹認為人心到跟宇宙可以貫穿，有一個過程。陸九淵更積極，認為宇宙便是吾心，吾心便是宇宙，二者同一體，不只是過程而已。二人出發點一樣，但解釋有所不同，但都歸於宋明理學，認為心是宇宙萬物的本原。這個思想以朱熹為代表，朱熹貢獻大，他的著作《四書集注》是孔孟思想的重新解釋，包括《論語集注》、《孟子集注》、《大學章句》、《中庸章句》，這是朱熹畢生的貢獻所在。所以朱熹被認為是繼孔子之後儒學之集大成者，可以稱為小孔子，他脫離五經，重新解釋四書，有完整的思想體系。[8]

　　南宋完結後，元朝入主中國。元朝很重視朱子學問，朱

---

8　墨子刻著，顏世安等譯，《擺脫困境》（新儒學與中國政治文化的演進），江蘇人民出版社，南京，江蘇，1996年，第126頁至137頁。

子學問在中國無論南北都很受重視，元朝之後，明朝初年變成顯學，朱子集天下儒學於一身，《四書集注》是一部聖賢之書。

陸九淵認爲心跟宇宙結合，心跟理結合，心就是理，心外無理，心外無物。明朝王陽明將這個思想體系引申爲心物合一，陸九淵思想被王陽明引申，他們構成陸王體系，跟程朱體系不同。程朱尤其是朱熹重視道，陸九淵重視德，道指天下的道理，德還要注重個人修養，個人貢獻，朱熹和陸九淵都是解釋孔孟思想的一家人。雖然有小小歧見，整體一樣。王陽明秉承陸九淵的心即理，天下萬物依賴心存在，心就是宇宙，心外無物，心外無理，並引申出致良知，知良致知。知行合一，心物合一。陸九淵的思想王陽明發揚光大，不能說超越，而是從朱熹思想有所發展。王陽明重視能知必能行，知行合一，並非空談心性的理學家。

王陽明思想清朝再有所發展，清朝重視考據學，務實，一切以實證作爲基礎，清代考據學以顧炎武爲代表，乾嘉時期的儒學代表是惠棟和戴震。惠棟是吳派，戴震是皖派。不管吳派還是皖派，乾嘉儒學是一致的，重視客觀求證，而不是主觀講道理，這是王陽明思想的延伸，不僅能知，而且要行。清朝考據學重視行，是否可行是要有依據，比較務實，這是乾嘉儒學的新發展。

考據學始于明末清初，發展到惠棟、戴震時達到高峰，是清儒的代表。乾嘉儒學是程朱學派跟陸王學派之間的平衡點。程朱重視理論，陸王重視行，行是否可行？清儒將它們貫穿起來，解決了程朱派跟陸王派之間的分歧。顧炎武貢獻很大，顧炎武的學問叫"經學"，考據學就是"經學"，脫

離宋明理學的限制，是新的務實的發展。

　　陸王學派對程朱學派不滿，認為程朱學派虛空，陸王學派又被乾嘉學派認為不務實，亦即乾嘉學派學者認為王陽明學派不務實，考據學派也叫樸學，比較實在。清儒務實，被讀書人認同。乾嘉儒學經世致用，重視實踐性，認為宋明儒學是反動的。

## 二、清儒的科學性

　　務實的做法是比較科學的，清朝初年的強大與此不無關係，不僅重視實踐，而且重視實踐的可行性，這是儒學的新發展。乾嘉儒學重視實事求是，無證不信，沒有依據的東西我們不相信，非常科學，不僅有歸納性也有科學性，將客觀與主觀融成一體，經世致用的治學方法頗有現代意義。

　　宋明理學是對儒學的恢復。魏晉南北朝時代很多知識份子已經失去對國家的忠貞和使命感，民族意識淪落，社會風氣、社會道德不好，君臣父子秩序紊亂，社會腐敗。唐朝學者要改變這個觀念，但沒有真正得到社會尤其是知識份子的十分認同，韓愈雖然呼籲恢復儒學，呼籲社會尊重君臣父子的儒學概念，沒有真正得到共鳴。宋朝整頓儒學激起了知識份子的使命感，知識份子對國家認同，對中國道統的認同與發揚，對社會的貢獻，對社會秩序重新建立貢獻很大。[9]

　　知識份子對國家的認同和使命必須從個人修養開始，修養包括修身養性和追求學問，要格物致知誠意正心，修身齊家，治國平天下，這是宋明理學的貢獻。宋朝知識份子對國

---

9 田浩著，姜長蘇譯，《功利主議儒家 —— 陳亮對朱熹的挑戰》，江蘇人民出版社，南京，江蘇，1997年，第108頁至120頁。

家有使命感，比如范仲淹、王安石等人。不僅重視自己修養，也要激起知識份子對國家的使命感。

　　明朝初期政治不很清明，不太重視儒學。因爲宋朝已經建立儒學觀念，儒學已經定位，所以明朝儒學雖然不如宋朝有地位，但思想得到傳承，知識份子不見得完全被重視，但有使命感。不象魏晉南北朝時期在朝不想做事，在野的不做事，只是清談。基本上，明朝在朝知識份子繼承宋思想，在野的也想做事，在朝、在野竭誠一體。在朝、在野都要爲國家有所貢獻，這就是王陽明所謂知行合一的哲學。

　　清朝，雖然滿清外族統治中國，知識份子還是有使命感的。康熙以後對古書的考證與整理成就了一支很重要的學術力量，使漢學重新出發，漢學務實。宋明理學"去人慾存天理"不務實，講道理，高高在上，"內聖外王"，陳義太高。宋學跟清儒有明確不同。

　　不管如何，宋儒也是新的開始，是新出發點，不斷給予延伸。"風聲雨聲讀書聲聲聲入耳，家事國事天下事事事關心"知識份子的使命，從宋開始，明朝實踐，清朝特別有所發展。固然明清士大夫風氣，有負面作用，但正面意義大於負面。知識份子一方面要求知識，求個人修養，另外還要治國平天下。這一方面也是正確的。

　　宋朝有書院，大家想修身、念書，格物致知，治國平天下，宋朝書院發達，講學之風特別興盛。書院不止在宋朝。唐朝中葉以後就已經成就詩文教育的風氣，五代時就有書院，宋朝書院蓬勃發展，制度化，北宋書院很興盛，如江西的白鷺洞書院、湖南嶽麓書院、河南應天府書院等，每個書院都有大儒，由大學問家主持。書院由有學問有聲望的儒者

主持，可以補充政府官辦學校的不足，辦學風氣很盛，對拓展儒學很有幫助。在朝爲官的，在野不得志都可以隱居書院，知識份子向前爲政府做事，退一步到書院教書，培養人才，很有意義。南宋理學大師朱熹創建了很多書院，以福建漳州地區鄞山書院最爲代表。

　　書院教學範圍很廣，不僅有治國平天下的道理，還有科技、醫學、天文，甚至農業，學術多元化在書院裏有所體現。書院對當時教育以及國家發展有很大貢獻。元朝是外族統治，因爲理學已經成氣候，想限制理學發展已經不可能，元朝儒學雖然受到一些抑制，但書院依然是發展的。明朝怕書院太多發展影響政權穩定，有很多規定，但書院依然發展。

　　宋元明清各代雖然政治形勢有所不同，書院發展已是不爭的事實，變成時代主流思想，這不是政府所能限制的。書院是傳統學術思想的產物，屬於私人辦學爲主。書院雖然儘量不涉及政治，但還是免不了要涉及的，書院多少變成學術之重鎮、國家之干城的中心。時代不同，書院以私人辦學爲主，有時政府也介入，予以支持。政府與民間結合，因爲科舉，書院經常變成爲考試而講學，因爲科舉產生功名思想，書院複雜化了。但我們必須承認書院在各代對知識傳播和國家現代化所產生的貢獻。

## 三、民間文化的特色

　　有關民間的文化，宋代小說叫平話或者話本，民間用白話寫成小說，這是宋代文學的特色形式，宋代平話是說書人用的底本，從宋朝開始到明清變成小說。小說名稱從明清開始，宋代叫話本，白話文。明清小說以章回體爲主，明代長

篇的有羅貫中的《三國誌通俗演義》、施耐庵的《水滸傳》、吳承恩的《西遊記》、笑笑生的《金瓶梅》，作者不詳，它們構成明代四大奇書。四大奇書有自己的風格，《水滸傳》描述一百零八條好漢在宋江領導下路見不平伸張正義，《西遊記》記述唐三藏到印度取經的故事，是神話小說，《三國誌通俗演義》講三國人物的戰略思想，中國情、義爲國家服務，怎樣取勝？《金瓶梅》由《水滸傳》中西門慶跟潘金蓮的故事引申出來，描述社會淫蕩、奢侈的黑暗面，有時代背景。

清朝長篇章回小說以《紅樓夢》爲代表，《紅樓夢》作者曹雪芹，描述貴族制度之下幾大家族間，世俗上追求金錢、官貴，青年男女談戀愛的故事。還有吳敬梓寫的《儒林外史》，該書批評當時科舉制度製造文人的虛僞，現實功利、冷酷無情，暴露社會陰暗面，培養正義感，對民間疾苦給予同情、幫助。這些都是很有代表性，很有價值的文學作品。

小說宋朝以後發達，但唐代時候就已經出現，明清發揚光大成爲重要的文學形式。除此之外，戲曲兼具舞蹈、音樂，在宋代發展得很好，元朝、明朝有傑出表現。

五代十國社會動亂，整個儒家思想陷入低潮，社會秩序亂，國家動亂，雖然當時自由風範，市場經濟發達，科技有所進步，可是社會缺少秩序，社會缺乏正義感。中央政府弱，少數民族如契丹、女真、黨項起來，社會沒有秩序，道德淪落，北宋也沒有太多改善，到南宋時情況就改變了。南宋社會秩序較好，精神方面老百姓重視倫理、氣節，情況跟唐末、五代完全不同。從北宋到南宋不斷發展，士大夫重視廉恥、氣節，范仲淹（西元 989 年-1052 年）提到士當"先天下之憂而憂，後天下之樂而樂"，從《岳陽樓記》裏可以看出士

大夫對社會的使命感跟責任感。但也難免有所謂唱高調之嫌。

　　南宋物質方面也有進步，南宋南遷吳地，東南中國物資豐富，雅士之風慢慢起來。重視紳士生活，吃飯以稻米爲主，重視烹調技術，重視美食、高雅享受，喝茶、喝酒，宋代老百姓生活不錯。穿衣上也有規矩，民間什麼階層穿什麼衣服，風範很好。南宋老百姓重視武術，有氣節，人們要班師回國，回到中原，南遷只是偏安，目的不是長久居住。抵抗外來侵略，尤其是金，就是女真人，所以武術發達，備戰，抵禦外侮。岳飛是民族英雄，他重視氣節，忠於國家，欲收回故土，欲班師回國。

　　這時東北勢力很大，契丹建立遼國，金建立者是女真，北宋對付契丹遼國，宋南遷以後，只對付女真，因契丹被女真消滅。女真與南宋對峙，岳飛與女真作戰，攻打金人。契丹、女真、宋三者之間戰戰和和，不斷來往，契丹、女真漢化得厲害。

　　元朝統一中國更是民族大融合，是遼金元漢的大融合。元朝畢竟是外族，爲統治中原，儘量尊重中原文化，被融合。元朝社會秩序不好，對讀書人不很尊重，尊重中國文化，又怕中原人反抗。表面重視文人，有時事實上也不見得真重視，很矛盾。

# 第七節　中國社會發展史簡述

　　明朝社會秩序恢復，建國時候法令規章完整，社會各階層嚴明，經濟發展不錯，老百姓衣食足而知禮節。明朝中葉

以後情形改變，社會鬆散，老百姓奢侈，缺少社會正義，到處是流氓、娼妓、惡棍，市儈氣重，奇怪事情發生很多。

　　明清民間信仰值得重視，道教、佛教在從魏晉南北朝隋唐五代不斷推廣，成為民間信仰的兩大支柱，唐武宗曾經反對佛教，佛教受些影響，但哲理上佛教與道教接近，自然而然地道佛結合，發展下去，宋朝時候佛道結合，佛教力量很大，淨土宗教育人民不斷念佛，然後就可以到西方淨土，佛教興盛。當時佛教，以淨土宗為主。道教分為南北兩派，北派興盛，是儒釋道結合，重視清心寡欲、修煉，克己待人，比較出世，宋朝道教是全真道，很盛。宋朝末年全真道邱處機投靠成吉思汗，全真道得到元朝支持、保護。元朝對藏傳佛教很重視，蒙古尊奉藏傳佛教。佛教各宗派有所發展，如天臺宗、華嚴宗、唯識宗（法相宗）、淨土宗，慢慢轉移為禪宗為主，禪宗基本也是儒釋道的結合。

# 一、白蓮教的起落

　　民間信仰還有白蓮教，白蓮教不是禪宗派的，而是淨土宗派的。淨土宗是白蓮社發展而來，准許在家信佛，就是居士，通俗，很迎合老百姓需要，很快發展到大江南北。默尼教教義對白蓮教有影響，默尼教是東漢末年波斯人默尼創立，以妖教學說為主，妖教就是拜神教，中東多少函蓋基督教教義，再接受佛教觀念，所以默尼教是基督教、佛教、道教的結合，主張火光，它從妖教開始，妖教是波斯人的一種宗教，六世紀時已傳入中國。教內有兩種神，一種善神，一種惡神，善神邁向太陽，朝向光明，惡神邁向地獄，萬惡之門。拜火教希望揚善止惡，做善事，崇尚光明。元朝因為外

族統治，民間白蓮教發達。元朝末年政治腐敗，加上民族問題，變成抗元組織。明朝建朝多少得到白蓮教支持，朱元璋本身就是和尚。

明朝佛教、道教離不開儒釋道三者結合，特別道教文化是中國特色，道教在明朝特別發達，成為民間重要信仰。白蓮教勢力擴大影響整個中國，後來竟然影響政治安定，白蓮教本身的很多作為不為中國道德接受，比如詐財、騙色，勢力大影響政府領導，後來明朝將白蓮教看成邪教、異端。民間抵制白蓮教，不敢用白蓮教名稱，用其他教名，實質上是白蓮教。明朝因白蓮教而起，最後反對白蓮教是有其歷史背景的。

白蓮教從宋朝開始就有，他們是從淨土宗中分離出的白蓮社，元朝承認白蓮教的存在和活動，因此有所發展，元朝滅亡跟白蓮教有關。

滿清入主後拉攏西藏人、蒙古人，對藏傳佛教尊重，對佛教也尊重，因為漢人信奉佛教，佛教是儒釋道型以禪宗為主的宗教。佛教、道教都受到禮遇，但對道教比較冷淡。道教地位清朝不如明朝。

元朝、明朝、清朝宗教、武術、集會結社結合，變成內亂的根源，經常使政府頭疼，變成了各代的民間信仰並且代表民間講話的重要力量，後來變成武裝力量，三代政權多少都受到宗教影響，宗教會影響政治、社會穩定。特別在政權不穩定時，宗教對政治、對社會的挑戰明顯。元明清三代教案特別多，幾個朝代多少因為宗教支持而起，也多少因為宗教反抗而亡。

中國歷史上有許多分裂時期，但分裂時期也是追求統一

的，逐鹿中原就是這個意思。從這個角度看中國歷史上分裂
是一個過度，統一是結局。[10]

　　"中國"名詞開始于西周初年，"中原"指黃河中下游
地區，就是中國的中部跟北部或者華中、華北的交叉地區，
中國不等於中原。中國是廣義的，中原是狹義的，由於歷代
不斷延伸，有時將中國與中原混爲一談，事實上是不一樣的。
中原來源於夏，夏朝腹地是黃河中游，商朝、周朝繼承，變
成黃河中下游。中原本來是地理名詞，慢慢變爲文化甚至政
治的名詞，變爲中國核心或主要代表，中原指皇帝或天子京
畿所在的地區。皇帝指揮各路諸侯，中原地區可以指揮各個
地方區域。由於地方不斷擴大，中原慢慢擴大，中原領導整
個中國。

　　歷朝歷代中國版圖不同，各諸侯擴張自己疆土，中國慢
慢擴大，將中原文化引申到各個地區，甚至邊區。中國範圍
擴大，中原擴大，中國文化影響的地區也隨著擴大。隨著中
國文化影響邊區甚至少數民族，四夷外邦變爲中國文化地區。

## 二、四夷外邦的融合

　　所以中國又分爲政治的中國、地理的中國、甚至文化的
中國。文化中國爲什麼會慢慢擴大？原因在於中國是禮儀之
邦。禮儀之邦的文化產生不斷現代化的文明，影響其他民族，
中華民族的優越性是禮儀之邦有、影響性，甚至包容性，慢
慢形成文化中國。中國歷史上分裂的國家要逐鹿中原，分裂
時候中國疆土擴大，文化影響四夷，分裂時期最明顯的是漢

---

10 同註 6，第 525 頁至 553 頁。

朝末年的三國，魏晉南北朝，唐以後的五代十國，北宋、南宋等。

三國分立，曹魏自命爲中原地區，繼承漢室，以中國自居，排斥蜀、吳。西南的蜀，東南的吳，吳、蜀向四夷開拓，將中原文化帶到東南跟西南，他們更自命爲新中原。

除此之外，五代十國時期，五代也自命爲中原，後梁高祖朱溫，就是朱全忠，創唐朝，開始了混亂的五代十國。五代開始於後梁，以後依次是後唐、後晉、後漢、後周，五代自命爲中原地區，以洛陽開封爲中心，以爲秉承中原傳承，主宰整個中國，認爲是真正的傳人，將十國看成外面的，正如魏繼承漢室後自命爲中原一樣。五代同時的是十個國家，他們是黔蜀、吳越、楚、吳、閩、南漢、金、北漢、後蜀、南唐，十國與五代並立，十國也不認爲是外夷，認爲自己是中原之人，不過統治了四夷之地，自命爲中原，就是新中原。

中國歷史上文化認同特別重要，就是所謂文化的中國，文化中國是廣義的，包含中國與中原，基本以文化帶動，中國疆域能夠這麼大，中原不斷擴大，跟文化有關聯。次序上是從文化認同變爲國家認同，中國原始于夏商周之初的華夏地區，當時所謂華夏地區是夏朝所轄範圍，黃河中下游一帶是華夏的核心。整個疆域是中國文化的發源地，自命爲“華”意爲漂亮、美麗，繁華，華夏是夏朝範圍爲中心的延伸，夏相當於中國的開始，真正的中原從夏開始，中原正好在中國的中心地區。中國所管轄的地方叫天下，天下基本從夏朝開始，經過商朝、周朝，慢慢引申出去，天下隨著文化擴展，由文化認同到國家認同。帝王管轄範圍擴大，天下慢慢擴大，中國疆域擴大。由於華夏文化優越而將邊陲地區、四夷地區

看成荒蠻之地，沒有文化的野蠻地區。

# 第八節　中國文明發展史略述

　　文化中國是禮儀之邦。文明古國，由文化優越性產生民族優越感。秦朝併吞六國，一統天下，範圍擴大，給四夷蠻荒之地以教化，文化中國疆域擴大。四夷指戎、狄、蠻、夷，慢慢將四夷之地同化，文化中國擴展到四夷，文化認同之後，國家認同，國家疆域擴大，並爲秦朝的天下。秦朝天下秉承春秋五霸、戰國七雄，並且不止這些，文化中國疆域不斷擴大，從黃河中下游引申到長江中下游甚至珠江地區。秦朝以後漢朝，漢武帝攻打匈奴，疆域向西擴展。漢朝末年魏蜀吳三國爭奪天下，儘管曹魏自命爲繼承漢室，西南蜀、東南吳也都是漢人，認爲是中原人。西南跟東南疆域隨著蜀、吳努力不斷擴大。曹魏自命爲中國的傳人，是正統，蜀、吳不以爲然。魏將蜀、吳看成賊，魏蜀吳三國分立，他們都是漢人，秉承中原文化，希望逐鹿中原，恢復自己的統一。三國都是禮儀之邦，中原文化的延續。

## 一、中原文化的南向延續

　　南北朝的中國，由於八王之亂之後五胡亂華。魏統一北方，晉東遷之後，歷史進入南北朝時代。原來晉朝人南渡到吳楚，他們自命爲真正的中國人，中原文化南渡，還認爲自己是中國人，將北方人認爲是胡人，蠻夷之人。北方人來中原之後認爲自己是中原，認爲自己是真正的中國人，南方人

自認為是文化傳承之人，北方人入主之後，也以中原文化主人姿態出現。特別強調，北方外族入主中國之後，少數人統治多數人，文化弱的被優越文化融合，優越文化融化了劣勢文化，多數人屈服了少數統治者。少數外族被同化。比如北魏自命為正統，而不把南方漢人政權看成正統。南方漢人也不把入侵的北魏政權看成正統。北魏文帝之後推展華化運動，認同中國文化。中國文化很自然地擴大出去了。

南北朝都認為自己是中國，這就是文化認同，相對的南朝、北朝管制以外的地區為外族，他們是新的外族。新外族包括高麗、百濟、暹羅、日本（倭國）、西北高昌國、龜茲，它們是新邊陲國家，原來邊陲四夷之地已經逐漸變為中國。

五代十國也是一樣的，五代自命為中原，真正的中國。五代認為自己延續了唐的正統。不把十國看成中國，十國中漢人統治外族，以統治蠻夷為恥，不肯變成蠻夷之王，不服氣，本身也以中原自居，慢慢將中原文化推展到十國地區。五代雖然是中土地區，十國也是中原地區，這是文化融合。

宋朝金兵入關將徽宗、欽宗抓走，之後宋朝南遷，這就是所謂的靖康之亂，或者靖康之恥，在歷史上這可與永嘉之亂並論。宋朝統一中國之後自命為中原代言人，認為自己是正統，當時的四夷之地是契丹‧西夏‧吐蕃這些外族。靖康之亂之後形成南宋，情形與北魏與南朝一樣，南宋失去了中國國土，仍認為自己秉承中國文化傳承，只不過南渡而已，跟外邦不同。北方女真入主中原之後，取法中國文化，中國禮儀、禮俗，慢慢漢化。金人統治整個中原，以中國自居，南宋南遷還以中國自居，南北對峙。

以上例子證明由於中國文化包容性產生文化中國。文化

中國是廣義的，中國文化是狹義的，由中國文化引申到文化中國。周朝以後中國疆域由黃河中下游擴大到黃河上游、長江、珠江流域，就是從華北擴大到西北、東南、西南地區，文化中國影響疆域擴大。

歷朝歷代分裂的要逐鹿中原，外族到中原之後自稱為中原，中原地區南下、東進或到西南也自命為中原，中原不斷擴大，影響四夷，歸入文化中國。四周不斷擴大，清朝東北完全進入文化中國版圖，西北到達新疆地區，西南到達西藏，東北到達朝鮮半島，東南函蓋整個東南沿海的越人區域，甚至引申到越南。文化意義談中國，慢慢由文化認同到地理認同甚至國家認同。

特別要提出的是元朝、清朝，元是外族，蒙古族進入中國後，被中國文化吸收，變成中國文化一部分，清朝也一樣，滿州文化被中國文化吸收，變成文化中國一個環節，這是中華民族形成的力量之一。關鍵的因素是文化力量，中國文化產生文化中國，由文化中國作為臍帶將中國聯繫起來。

做一個簡單總結，中原是狹義的，中國是廣義的，文化中國更廣義，從中原引申，中國人自命為傳人、正統，正統不等於傳統，大家以正統自居。北朝佔領中原後認為自己是中原，南朝南遷以後認為自己建立新中原，不斷相互影響。講傳統是要跟四夷之地區分，突顯本身優越感，不願變成夷狄、蠻夷，這種現象產生文化中國的認同，具體講是中華民族的包容性跟延續性形成中華民族大團結。這種現象將四夷文化融合上，突顯中華文化特質。

## 二、逐鹿中原的文明北上

　　二十世紀中國的內亂，內戰、外侮。1949 年以後國民黨的中華民國遷到臺灣，也算南遷，國民黨一直認爲自己繼承傳承，是正統，認爲中國共產黨領導的中華人民共和國是非正統的，特別中華人民共和國曾強調是馬列主義思想的重要性。中華人民共和國在共產黨領導下也自命爲自己是中國，無形中產生歷史的重演，國民黨在臺灣，尤其在蔣介石領導下想逐鹿中原，想回到大陸去，共產黨領導的中國慢慢本土化，馬列中國化，外來思想被中國吸收。正如滿清滿族和元朝蒙族到中國來後被中國文化同化掉，在共產黨領導下的馬列思想已經被中國文化吸收。開始是外來的，慢慢變成本土的，所以共產黨領導下的中國，越來越象中國。

　　相反臺灣兩代蔣總統相繼過世後，李登輝領導的臺灣儘量擺脫中國，臺灣文化本土化，甚至國際化，這種現象在中國歷史上非常特殊。尤其 1999 年 7 月 9 日，李登輝總統接受德國之聲訪問時提到兩個中國論，說臺灣是一國，中華民國，大陸是中華人民共和國，兩國對等，提到特殊的兩國關係，引起大的震撼。我們認爲李登輝這種做法是中國歷史上少見的，從歷史長河看是必然要失敗的。臺灣必然是臺灣，它是整個中國文化的延伸。1949 年國民黨蔣介石帶領 200 萬精英之士從大陸遷到臺灣，很象中國歷史上晉朝的衣冠南渡，宋朝的南遷，不勝枚舉，在臺灣建立新中原，跟中國文化關係愈來愈密切，從中國文化角度，臺灣要成立新國家，從中國暗帶裏脫離出去是不可能的，違反歷史發展軌跡。李登輝提出臺灣、大陸是特殊的國與國之間的關係，想將臺灣獨立出

來，這是向中國文化的挑戰，激怒了朝野，國際上不認同。
李登輝兩國論表面上是要分離中國，臺灣本土化、國際化，
其實很可能加速中國統一，回歸歷史常態。

　　哲學家牟宗三先生說中國共產黨領導的中國是文化中國
的一個斷層，這個看法是錯誤的。也許牟宗三先生所指的是
1979 年以前的共產黨在中國的領導，這是一個過渡時期，不
能代表一切。牟宗三先生所說的斷層指文化大革命經驗，這
不是歷史常態，常態上中國永遠是中國。臺灣過去兩代蔣總
統秉承文化中國理念經營臺灣，多少保留了中國文化遺產，
這種現象產生了另外一個主流。李登輝偏離中國文化航道，
臺灣李登輝領導的現象是過渡的，真正是小斷層，很快就要
回歸中國。中國大陸 1949 到 1979 也是一個斷層，1979 年以
後回歸主流，長期看臺灣跟中國大陸，不管中國共產黨領導
的中國還是中國國民黨領導的中國，將來會合流的，合流到
中國文化的歷史軌跡。這是很清楚的。

　　不過李登輝想分裂中國也有他的理由，但站不住腳。從
臺灣和大陸的歷史看，雖然有歷史記載三國時孫吳派遣軍隊
約一萬人到夷洲並帶領數千夷洲人回大陸，隋煬帝也曾派軍
隊到硫球，但學術上無法證明夷洲就是今天的臺灣，或硫球
就是今天的臺灣。真正臺灣跟大陸的歷史關係應是明朝末
年、清朝初年的事情。宋朝時候，西元 1171 年泉州郡守汪大
有曾派兵到平湖守衛，平湖並非臺灣本土，隋煬帝派大將朱
寬、何蠻到硫球，時間是西元 607 年，三國東吳派將軍衛溫
于西元 203 年到夷洲，這些記載都有待考證。

　　漢人真正到臺灣是明末清初，海盜到臺灣很多，與日本
人有交叉，但是零星海盜行為，不能見諸史料，不是正史。

真正到臺灣的是顏思齊，時間是 1620 年代，他帶領鄭芝龍等人到臺灣。充其量到西元 2000 年初期時臺灣跟漢人的關係歷史上真正有記載的是三百八十幾年。早在 1593 年時日本要求臺灣納貢，被臺灣拒絕，因爲明朝在澎湖設防，沒有得逞。豐成秀吉之後德川家康上臺之後，1609 年派將軍馬晴信到基隆，遭到當地人抵抗，沒有成功。從十六世紀末到十七世紀初日本人多次想佔領臺灣，日本的行爲已引起當時葡萄牙、西班牙甚至荷蘭人、英國人的關注。

# 第四章　西方宗教文明史觀

## 第一節　西方文化史略

古老世界有四大文明地區是巴比倫、埃及、中國與印度。這四大古文明區與河流都有密切的關係。中東的兩河流域，亦即幼發拉底河、底格里斯河。此兩河從北方的阿美尼亞（Armenia）山區發源，該河流向南方的波斯灣。此兩河之間的土地是從山上帶來的泥沙沖積而成的中下游平原，最適合於農業發展。這些肥沃的土地，就是米索不達米亞（Mesopotanmia）。米索不達米亞是希臘文，就是兩河之間之意也。米索不達米亞的南部蘇美（Sumer）地區文化是人類最古老的文明，距今約為五千五百年，亦即西元前三千五百年左右。此文明比之埃及文明、中國文明、印度文明等要早出五百年。這是人類最早的文明。這個來自於中東伊拉克境內的米索不達米亞文明影響了古希臘文明，而希臘文明是今日歐洲文明之母。[1]

---

1 五千五百年來世界文明的焦點從烏爾到開羅，雅典，羅馬，長安，德里，伊士坦堡，佛羅倫斯，巴黎，倫敦，紐約等，21世紀以後世界文明的典範已經逐漸東移，這將與東方型儒家文藝復興有關。

# 一、希臘文化是歐洲文明之母

　　古巴比倫文明中的城市生活是以各都市個別的主神爲中心，許多城市爲了維護它的主神自相攻戰。這就是古巴比倫人相信靈魂不滅，懼鬼神；此外古巴比倫人對於天文學中的星象與神之間的關係，也甚重視。在天文方面，如今一年有十二個月，一日爲十二小時，一夜也爲十二小時，一小時爲五個十二分（共六十分鐘），一分有六十秒等這些都是巴比倫人的貢獻。巴比倫人計數是以六進位的，同時把地球以外分成十二星座，各賦其名。另外，一星期爲七日，也成爲猶太人做爲宗教儀式的信仰之用，佛教界也經常以七做爲宗教儀式或信仰之用。在巴比倫文化當中最有現代化意義的是漢摩拉比法典。這部法典是一九〇一年至一九〇二年之間，被法國考古學家發現的。該法典規範夫妻關係、主奴關係、人與人、人與社會等的關係。可從此法典可以看出當時巴比倫人的生活方式，這是世界上最古老的法典。巴比倫文化曾遠播到西亞，但後來歷經戰亂，直至西元前五三八年，巴比倫王尼布甲尼撒第二（Nebuchadnezzar II）時，巴比倫被波斯所滅，於是巴比倫米索不達米亞的文化古國就滅亡了，但其文化已被希臘人所吸收。事實上受古巴比倫文化影響的民族很多，比如說波斯人，希伯來人，腓尼基人等。但希伯來人最大的不同是單一的獨神教，這與其他宗教文化不同。希伯來的單獨信仰，認爲唯一的神耶和華（Jahovah）。這個宗教思想被基督教、伊斯蘭教等所採用，其影響相當重大。腓尼基人則是以商業著稱，她是許多獨立城鎮組合而成爲一個聯

盟，不是一個統一的國家。腓尼基人從埃及人學到文字上字母的用法，傳播到希臘，此乃歐洲各國文字的開始。

後來，西亞的許多民族國家，一一的被波斯人所滅亡。波斯人源自伊朗高原，本為遊牧民族，大約於西元前五五八年，波斯帝國居魯士就王位，統一了西亞各國，成為波斯大帝國。波斯人本質豪放，進取心、侵略性強。西元前四九二年波斯人與希臘人發生衝突，但抵不過希臘人的強勢。波斯人於西元前三三〇年被馬其頓的亞歷山大王所滅。

中東、西亞等古老民族基本上是信仰多神教，其認為萬物皆有靈性。星星、月亮、太陽等等當然是大神。這種情形與東方世界本來就很相像。埃及的金字塔以及巴比倫大廟宇等都是為國王貴族死後的宮殿或住所，這種情形與古代中國帝王的陵墓甚為相近。這種多神教的信仰本是東西方所共有的宗教信仰，但敵不過希伯來人的單一信仰，如今希伯來的單一信仰已成為世界今日的主流信仰，因為基督教、伊斯蘭教是世界三大宗教中的兩大宗教，他們都是主張單一神宗教的。[2]

早在西元前一千年，希臘人已經進入了所謂的文化年代，但這比巴比倫人的文化年代晚了大約兩千五百年。希臘人經過了貴族政治時期（約西元前七五〇年至西元前六五〇年），獨裁時期（約西元前六五〇年至西元前五四六年），波希戰爭時期（西元前五四六年至西元前四七九年），雅典盛世時期（西元前四七九年至西元前四五九年），雅典與斯巴達爭戰時期（西元前四五九年至西元前四二九年），斯巴達時期（西

---

2 沈之興，張幼香，《西方文化史》，中山大學出版社，廣州，中國，1997年，第83頁至106頁。

元前四二九年至西元前三七九年），列邦紛亂時期（西元前三七九年至西元前三六〇年），馬其頓時期（西元前三六〇年至西元前三三四年），亞歷山大時期（西元前三三四年至西元前三二三年）。亞歷山大曾滅了波斯大帝國，兵力也到達印度，於是希臘文化到達亞非二洲，是乃希臘文化的全盛時期，當時埃及的亞歷山大城是文化的中心。兩百年後，羅馬人興起，取代了希臘的政治勢力，但其文化始終被羅馬人所延續。

## 二、阿里士多得是希臘思想的集大成

西元前七百年左右，希臘人從腓尼基人學到了拼音文字，記載了古希臘詩人荷馬（Homer）偉大的史詩，伊律雅德（Iliad）和奧得賽（Odyssey）這兩部史詩說明了希臘城邦間戰爭的故事，其中敘述了戰爭英雄的英勇事蹟以及宇宙創世的神話。有許多文化思想在裡面。希臘人對神的崇拜是很被重視的，也產生了一些所謂廟宇文化。希臘的廟宇多而美，宗教儀式隆重而複雜，這個重視多神的民族，他們崇拜天地萬物，戰爭之神，和平之神，太陽之神，月亮之神等等，這都可在希臘史詩中看到。希臘文化不只在其政治組織，政府形式，教育制度等方面呈現出來，特別在其文學，戲劇，歷史，演說，建築，雕刻，繪畫等層面均有獨特的貢獻，其中哲學思想影響世界更為深遠，有西方的孔子之稱的希臘大哲蘇格拉底（Socrates），他是主張倫理道德的理學家，他的弟子柏拉圖（Plato）著有《理想國》（Republic）一書描述烏托邦的政治境界，柏拉圖的弟子亞里士多得（Aristotle）是一位務實的哲學家，富科學性的研究，他是希臘哲學思想的集大成。

　　希臘在亞里士多得以後，可以說沒有比得上這三大哲學家更有成就，希臘除了在哲學方面有具體的成就外，在數學，天文，物理等方面也有傲人的成績，西元前五世紀到二世紀，可以說是希臘文化極盛的時代，西元前二世紀以後，就是羅馬人的天下了，羅馬本是義大利半島的一個野蠻民族，以武力霸道征服了全歐洲，羅馬本是義大利半島拉丁族，信仰的神是他們族中的祖先，羅馬人打敗了希臘，又征服了義大利，也戰敗了迦太基，繼之又克服了馬其頓，敘利亞，埃及，高盧以及非洲北岸等地，於是把地中海變成羅馬帝國的內海，羅馬領土因而相當遼闊，以羅馬為中心的中央政府只好靠軍事統治，終於西元前二十七年由共和轉變為帝制。早期，共和時期的羅馬，已經大量吸收了希臘的文化，羅馬帝制經過了兩百多年的安定時期，因重武輕文的結果，國力由盛而衰，羅馬國因此分分合合。直至西元三三〇年，君士坦丁大帝（Constantine the Great）遷都君士坦丁堡城以後，羅馬則分成東西兩部，西方的羅馬被來自北方的日耳曼人入侵，開展了歐洲中古時期的黑暗時代，日耳曼人乃一野蠻人，沒有什麼文化，幸好基督教的被重視，基督教是當時的國教，它支配歐洲人的宗教精神生活達一千年之久（從西元四世紀末到十四世紀）。[3]

　　基督教是猶太教引申出來的，希伯來人歷經亡國的苦難，在其神話中認為耶和華將派人來到人間拯救苦難的猶太人。耶穌就是在此種情況下被尊為救世主，耶穌歷經猶太教徒的仇視，但因耶穌的言論正好是切中當時羅馬人之時弊，

---

3 同前，第 15 頁至 60 頁。

羅馬人雖然殺死了基督耶穌，最後他的言行終被羅馬人所信仰，於是君士坦丁大帝於西元四世紀把基督教正式成認爲羅馬國教。

　　基督教被視爲羅馬國教之後，各大城市都有大主教，直接接受羅馬皇帝的領導。羅馬分裂以後，東羅馬的基督教會組織狀況延續了分裂以前的組織與權力結構，直至十五世紀東羅馬帝國滅亡，乃至於俄羅斯君主等都襲用此例，這種東正教教會制度直至俄國革命爲止。而西正教呢？六世紀後教皇勢力甚大，是乃「政教合一」，從西元十一世紀至十三世紀是羅馬教皇和教會的全盛時期。

## 三、基督教文化是羅馬的中心思想

　　中古世紀的西羅馬是以基督教文化爲中心思想。日耳曼人於是被基督教教化之。當時的基督教寺院制度苦行教士力勸蠻族，使日耳曼人改邪歸正。十一世紀以後教會權力鼎盛，因爲基督教把歐洲人團結起來。於是中古歐洲教會的特色爲：歐洲全民單一宗教，沒有所謂信仰自由可言；教會組織嚴密，教皇爲最高領導，其下設有大主教、區教士，以及主持等階級的制度；教會就是專屬的宗教教育團體，也是倫理來源，基督教教義爲唯一的文化主流。當時的寺院有財產，有來源，也是地主，所以教士與封建貴族地位相當。教會很有權威，因爲是政教合一制，這是中古世紀歐洲的典型，這也是宗教的地上人間天國。這種型態的中古歐洲社會在西元七世紀至第十世紀，因阿拉伯的伊斯蘭教尚不至於排斥來耶路撒冷（Jerusalem）朝聖的歐洲基督教徒，直至十一世紀土耳其人取得伊斯蘭教帝國的大權後，對異教的排斥。因爲基

督教與伊斯蘭教都是單一神教，彼此不共戴天。於是有一〇九六年開始的七次十字軍東征。十字軍東征終結於蒙古西征（西元一二四〇年）。十字軍東征打開了東西文化交流的死結，也間接的結束了中古世紀的歐洲獨裁的黑暗時期。

回顧西歐，自從西元三七五年以後，西羅馬帝國式微，日耳曼人入侵，直至第十三世紀蒙古西征前，這個時期西歐是一個閉塞的宗教封建時代，史稱中古世紀歐洲的黑暗時期。

歐洲的上古史、中古史、近代史三個階段，各有不同。中古歐洲的特色是政治獨裁、經濟專制，既沒有民主政治，也沒有市場經濟。前者是封建主與部屬間的關係，後者是地主與佃農的關係，層層節制。這與歐洲上古史是不同的。

在政治方面，日耳曼侵入歐洲以後，佔據了土地，擄掠了財產，而且論功行賞，採取中央集權制；國王、貴族、小貴族層層分賦。被踩踏是多數的臣民。在經濟方面，因爲有許許多多莊園和基爾特等組織，主僕之間關係明顯，階級分明。莊園與莊園之間的關係不是很正常，工商業、市場經濟不發達。農村社會每因莊園內自給自足，沒有激勵市場經濟的因素，工商業不進步，經濟無以發展，百姓生活當然不可能安康樂利。中古世紀的歐洲是宗教專制的社會，社會價值單元化，復加之政治不清明，經濟相當落後也是想像中的事。[4]

西歐因爲日耳曼人的入侵，中古世紀的西歐是一個黑暗的時代，此已是歷史的事實。由於東歐爲東羅馬的統治，尙能過著一些和平的日子。然而好景不常，於第五、六世紀時，

---

4　王德昭，《西洋通史》，（西方文明的源起與演進），五南出版社，臺北，臺灣，1989 年，第 213 頁至 239 頁。

逐漸被阿拉伯所取代。阿拉伯民族本亦為一支野蠻民族，但經過七世紀穆罕默德（Mohammed）自命為另一先知而自立宗教門戶，此為伊斯蘭教後，教化了阿拉伯人。阿拉伯在伊斯蘭教文化啟蒙下，發展了工商業，航海、天文、曆法、藝術、文學、醫學、數學、化學等等均有了相當程度的發達。

　　阿拉伯人在西元第七世紀至第九世紀之間，因為有了伊斯蘭教文化，所以其文治與武功均能鼎盛。伊斯蘭教的版圖也日益擴張。昔日波羅門教、佛教的印度，佛教的蒙古、突厥，景教、摩尼教、拜火教的波斯，甚至於東南亞的印尼、馬來西亞和中國新疆、陝西、甘肅、寧夏等地都是伊斯蘭教的天下。伊斯蘭教的東來，也促成了東西文化有所交流，尤其是阿拉伯商人的航海，展開了所謂的海上絲業之路新歷史。之前，當時東西方的交流基本上還是以陸上絲路為主。中國的四大發明：火藥、羅盤、造紙、印刷術等而西流傳到西方。第九世紀以後，阿拉伯人勢力漸衰，於是有第十一世紀土耳其人的崛起。後因為十字軍東征，歐洲基督教勢力東來，最後終於西元一二五八年被蒙古人所滅。雖然如此，伊斯蘭教的勢力版圖仍然在不斷擴張中，如今的中亞、西亞、北非等均是伊斯蘭教的文化勢力圈，力敵西方的基督教。

# 第二節　西方文藝復興的啟示

## 一、十字軍東征是西方經濟轉形的契機

十字軍東征時期，由於東西方商業往來頻繁，於是地中海沿岸造就了許多新興城市。許多農民翻身一變，成了投機的商人。正因為十字軍東征，歐洲貴族們財力無法支應長年的征戰支出，開始向外借貸，於是逐漸允許佃農以其終生之積蓄，贖回了自由身，進而從商致富。西歐工商業、市場經濟因而萌芽。此外，因為十字軍的東征，西歐武士進入了昔日東羅馬的疆域，一比之下，西歐人士被東方文化所震服。東方世界，包括昔日東羅馬，一千多年來雖有波斯、阿拉伯、土耳其的戰亂和蠻族的入侵，但基本上是和平的時代。文化也有所整合與發展，特別是羅馬帝國承襲了古希臘文化的寶貴基礎。西元一四五三年，東羅馬首都君士坦丁堡被土耳其所陷，東羅馬亡。當時的許許多多文化界人士遷居義大利，大力協助了義大利發動文藝復興的機會。[5]

第十二世紀以後，歐洲學術思想逐漸趨於活潑。大學的出現便是一例。其實世界第一個大學是第十世紀左右在回教的西班牙以建設了很完美的哥爾多華（Coraba）大學，當時對於希臘阿里士多德哲學文化很重視。西歐也從西班牙學了有關的大學制度。於是南義大利有以醫學見長的薩里諾

---

5 同前，第 370 頁至 387 頁。

（Salerno）大學，北義大利有以法律見長的波隆那（Bologna）大學，後來有巴黎（Paris）大學，則以神學見長。到了第十四世紀中葉，義大利的希臘、羅馬的研究水平已經到了一定的程度。人文主義思想也因之隨著有不斷的發展。這在文學與藝術方面表現得相當傑出。十五世紀以後，義大利文藝復興漸進高峰。當時著名的三大藝術家為達文西（Leonardo da Vinci）、拉斐爾（Raphael Sanzio）、米開蘭基羅（Michael Angelo），他們三人均是藝術家、文學家、思想家等兼具各項專業。第十五世紀以後，文藝復興以蔓延到了西歐、北歐的許許多多國家，這創造了歐洲頗富特色的近代文明。

　　中古歐洲是一個黑暗時期，也是一個基督教獨裁專制的時期，那時的歐洲人給人的印象是滯呆的，愚蠢的。因為他們除了一些頗富於形式的宗教生活之外，那就是要伺候那些王公貴族的工作，日常生活甚為單調。就中古歐洲來說，他在文治上比不上當時東方的中國，也比不上當時阿拉伯世界的伊斯蘭教帝國。在武功上亦比不上當時的蒙古和土耳其。換言之，當時的中國人，阿拉伯人，蒙古人，土耳其人等都比歐洲人強盛。但在十字軍東征後，蒙古人以武力橫霸歐洲不久，歐洲出現了奇蹟，因為有了文藝復興（Renaissance）運動。這個運動改變了以後的歐洲，也改變了以後的世界。

　　文藝復興不只在文化，文藝，文學上有了重大的變遷，其他的在政治，法律，社會，宗教，科學等等方面也有重大的變異。它是中古歐洲的黑暗時期轉變了近代歐洲的光明時期。文藝復興是一項封建制度，宗教制度的改革，把古代歐洲希臘，羅馬文化注入新的生命，並且落實到近代歐洲的文明現代化。其意義極為深遠。文藝復興之後，民族國家產生

了，都市興起，政府制度取代了封建制度，農奴消失了，商業市場經濟發達了。由此可見文藝復興影響的範圍極為廣大，它不僅是義大利歷史上的一件大事，也是世界歷史上轟轟烈烈的盛事。[6]

除兩河流域美索不達米亞的古文明外，歐洲最早的文明應從希臘半島開始，早在西元前七世紀就有所謂的城邦文明。這與希臘靠近海洋人民活潑而有朝氣，況且思想開放，容易接受外來文化，尤其南方的埃及文化，東方的巴比倫文化，當然還有猶太的希伯來文化，中東的波斯文化和西亞的腓尼基文化等。因此希臘在商業，海洋，哲學，文學，藝術和一般經濟生活均有其特色。希臘文明獨傲世界約在西元前七世紀到西元前三世紀。之後，羅馬人征服了希臘，把希臘文化，羅馬文化融成一體，但仍以希臘文化為主要。此時希臘文化重視個人的能力可以支配一切，他們信仰神的力量，但他們崇尚務實入世、功利的世俗生活。這個希臘的學術思想是面對現實，與日常生活環環相扣。這種務實而現實的希臘文化，發展到羅馬時期，變成了個人主義和縱慾生活的狀況，如此墮落的羅馬人生活，使人感到空虛與幻覺。這種不務實的現象，也使人感到薄弱，物極必反，於是有所謂的新伯拉圖（Neo-Platonism）哲學的出現。有錢人有幻想，窮苦人也有幻想，貴族者有幻想，平民者也有幻想，形成一個幻想神秘的世界。於是宗教的力量就能滿足人民的需求了，基督教因此來到了人間。

## 二、義大利是文藝復興的基地

6 同前，第 427 頁至 449 頁。

　　十四世紀中葉，義大利恢復了研究希臘，羅馬文化的氣氛。第一個學者是皮托奇（Petnach），他熱愛希臘的文學，推動了研究的學術風氣。這些喜愛希臘羅馬文化的學者被譽為人文主義者（Humanist），這個時代叫做文藝復興，這個文化學術風氣由南歐的義大利，發展到北歐，西歐。

　　文藝復興不只在文學藝術方面有傑出的表現，其他的在科學，技術，天文，地理，建築等等方面也均有傑出的貢獻。就已建築為例，基督教的歌德式（Gothic）的建築頗富有特色，羅馬的聖彼得教堂（Church St. Peter's）最具代表性，另外義大利但丁（Dante）的神曲（The Divine Comedy）為一不朽的文學名著。文藝復興自十五世紀以後，重心轉移至西班牙，法蘭西和荷蘭地區，進而擴大至整個北歐與西歐。與文藝復興有關的重要大事是地理大發現。十三世紀末義大利威尼斯商人馬哥波羅（Marco Polo）於一二九五年出版的馬哥波羅遊記，一四九二年義大利人哥倫布（Christopher Columbus）應西班牙王后之命西行發現新大陸，葡萄牙人達迦瑪（Vascods Gama）也於一四九八年從南非洲到印度，一五二零年葡萄牙人麥哲倫（Magellan）證明了地球是圓的。

　　中古歐洲一千年的歷史完全是一個宗教的社會，教權高於一切。文藝復興以後，國家與政府的組織等概念出現了。新興國家紛紛建立，他們是英吉利，法蘭西，德意志，義大利，西班牙，荷蘭，瑞士等國陸續由興起到興盛。民族國家的興起，宗教力量當然相對的降低。一五一七年日耳曼人馬丁‧路得（Martin Luther）公開反對教皇用贖罪券斂財的行

---

7 同註 2，第 435 頁至 458 頁。

爲，反而被逐出教會，藉此展開了新舊教的衝突與鬥爭。馬丁・路德將聖經譯爲德文，號召日耳曼人自由解釋聖經。馬丁路德甚獲日耳曼人王侯諸公的支持，於是新舊教自然分裂，並存。神聖羅馬帝國的地位終於下降，西北歐洲條頓民族國家紛紛崛起，而南歐的拉丁民族仍然是舊教的勢力範圍，舊教中以南歐西班牙人羅耀拉（Ignatius Loyola）在一五三四年組織耶穌會（Society of Jesuits），一方面振興舊教，另一方面則擁護教皇。耶穌會教士富有使命感和建設性，他們興學校，建醫院，築道路，架橋樑等功德對其他世界經濟落後地區的傳教，甚爲成功。

## 三、基督教專制時代的蛻變

新舊教的對立，勢均力敵而且壁壘分明，於是有一六一八年至一六四八年的三十年宗教戰爭，以波西米亞，丹麥，瑞典，法國爲主的新教集團，對抗神聖羅馬皇帝和少數日耳曼諸侯的舊教集團。這個戰爭的結果又使得民族國家俄羅斯和普魯士獨立，歐洲新局勢於焉形成。之後，歐洲更進一步推動了民主政治，歐洲大形勢於是煥然一新。本來歐洲的古希臘就有完美的民主制度，卻因歐洲基督教獨裁一千多年終止了。直至英法等國展開了新啓蒙運動之後，西歐的民主全民政治展開了成功亮麗的新歷史，這包括英國一六八八年的光榮革命（Honor Revolution），一七七六年美國獨立，一七八九年法國大革命等都對於現代化的歐洲，都做出了偉大的貢獻。

此外，上古歐洲的科學出現的曙光很早，舉凡天文，地理，數學，幾何，醫藥等皆有特色，但因基督教的獨裁，壓

抑了科學技術的發展，但文藝復興以後，歐洲又以不同的科學面貌展現於世人面前。十三世紀的英國人羅傑‧培根（Roger Bacon），首先提出實證的科學方法，他開啓了反對神學的獨斷思想的先河。到了十六世紀又有英國人法蘭西斯‧培根（Francis Bacon），他進一步得以歸納方法研究學問，貢獻甚大。十六世紀上半葉波蘭人哥白尼（Copernicus）地球繞日之說，義大利迦立略（Galileo）推廣了哥白尼的理論，並用望遠鏡看星球，英國人牛頓（Newton）的地心引力，他被譽爲物理之父。

在哲學方面，繼法蘭西斯‧培根的歸納法之後，又有笛卡爾（Irene Descartes）的理性演繹之說，這個哲學思想被推廣之後，君主思想，獨斷思想，神權思想等，都站不住腳，一一的被否定。實證主義，理性主義，人文主義，民主主義等等逐漸誕生，成長，茁壯，此也推動了世界現代化的力量。此外，在這方面有貢獻的哲學家還有培根，洛克（John Lock），柏克萊（Berkeley），休謨（David Hume），笛卡爾，萊布尼茲（Leibnitz），康得（Kant），黑格爾（Hegel），叔本華（Schopenhauer），尼采（Nietzsche）等等傑出人士。這些哲學家，思想家，他們改變了歐洲，也影響了世界。

在社會科學方面，盧梭（Jean Jacques Rousseau），孟德斯鳩（Montesquieu），邊沁（Bentham），彌爾父子（John & James Mill），史密斯，李斯特（Liste），馬克斯，孔德（Comte）等等相繼做出了具體的貢獻。

工業革命始於一七七六年的英國，愛迪生發明了電燈之後，一七八五年英人瓦特（James Watt）發明了蒸氣機，自此之後，水蒸氣用在紡織，鋼鐵，交通以及其他的工業，大

大改善了人類的生活。十九世紀下半葉達爾文（Charles
Darwin）的進化論，主張生物是漸漸進化到現在的狀態，這
是《物種的由來》（Origin of Species）一書的主要內容。另
外他的人類原始（Decent of Man）則是主張人類是由下等動
物進化而來，這些看法與舊教的看法皆不一致，但他的學術
上貢獻，已改變了世界。

# 第五章　從伏羲源起的中華經濟文化

　　中國經濟思想始自伏羲氏的八卦。伏羲氏是人文始祖，黃帝是人文初祖，在中華民族的歷史上，伏羲氏比黃帝還早出二千多年。伏羲做八卦，周文王釋八卦，孔子說八卦，三位聖者的思想一脈相傳。

　　八卦的基本精神落實在易經；易經為群經之首，也是儒家思想之源頭活水。儒家思想是乃中華文化的主軸，它是川流不息，與時俱進的。在經濟發展的策略上也是苟日新，日日新；使經濟發展不斷的良性互動。

## 第一節　伏羲文化與中國經濟

### 一、伏羲文化的源起

　　司馬遷作《史記》，其乃中國史學第一人，《史記》中的「五帝本紀」，描述了黃帝是為顓頊、帝嚳、帝堯、帝舜的祖先，繼之有夏商周的始祖也是黃帝之後人，此後代代相傳，凡四千七百多年。《史記》以黃帝為撰寫的開端，而黃帝為伏羲氏的傳人。傳說中的伏羲作八卦，神農以「日中為市」等皆為易經元、亨、利、貞等主要經濟思想為基礎。天、地、人三者合而為一的和諧思想乃是中國經濟文化的本質。中國

人「三合一」的哲學思想與西方基督教「三位一體」的宗教觀念是「相通而不相同」的。西方世界的聖父、聖子、聖靈等皆以神聖宗教爲基礎。

中華五千年經濟思想文化皆以私有財產制度和市場經濟爲本位，輔之於公有的政府經濟。這是以民爲本位的經濟思想；此與現代西方自由經濟的精神在本質上是相通的。因此中國經濟思想中的法家、儒家、道家、墨家、兵家等五家的思想是相輔相承的，彼此並沒有基本上的衝突。先秦諸子百家各舒己見，各暢其言等皆豐富了中華經濟學術的內容。中華文化是整合性，延續性和創新性的，因此它富有包融性和與時俱進的本能；所以它具有獨特的生命力。

三皇五帝、夏商周之後的秦漢隋唐宋元明清乃至於今日的中華經濟文化，息息相關、川流不息。換言之，藏富於民，民富國強爲本位，乃是中國經濟思想的主流。中華經濟思想文化在理論上似甚完美，但在實踐上產生不少封建主義，官僚主義和腐儒主義，使得市場經濟的功能大受影響。

中華文化始自伏羲氏。伏羲氏王天下，作結繩而爲網罟，以佃以漁。[1]可知早在七千多年前已有了農牧漁並存的生活方式。繼之神農以采　之利教天下。神農氏不但重視農業的生產工具以增加農業的生產力，而且提倡日中爲市，雲開了中國農村市場經濟的歷史。神農氏日中爲市，致天下之民，聚天下之貨，交易而退，各得其所。[2]傳說中的神農氏乃在伏羲氏之後，而在伏羲氏之前則爲燧人氏、有巢氏。燧之氏鑽木取火，有巢氏構木爲巢。燧人氏、有巢氏、伏羲氏、神農氏

---

1　易經、繫辭。
2　同前。

等傳達了遠古中華民族的用火、居住、務農和漁獵的社會。其中伏羲氏與女媧氏的關係，此為人文始祖的由來。他們是人面蛇身，發明網罟、制作八卦，此為中華文化「天人合一」的緣起。神農氏的日中為市展現中華文化中的自由市場經濟本質；各盡所能，各取所值。市場經濟並非西方世界獨特。從物物交換發展到貨幣經濟也是中華經濟生活的一個必然過程。

## 二、從水患到水利的時代

中國經濟以農立國，農業經濟離不開土地和水份，因此黃河流域、長江流城乃至於珠江流域等都是中華文化的母親；這尤其是以黃河流域最具代表性。長江以南為稻米文化國，長江以北則為小麥文化國，而黃河以北逐漸形成畜牧文化國。以農業為本位的中華經濟與污流脫不了關係。這種現象在世界歷史經濟發展過程中也不例外。巴比倫經濟文化源自恆河和印度河，埃及經濟文化源自尼羅河等等。中國古經濟源自黃河、長江，但黃河、長江洪水不斷，氾濫天下，這世界古文明的各民族也不例外。堯舜禹三代皆苦於洪水，經濟發展成果遭到嚴重破壞。大禹治水，使人安居樂業。禹是智者，治水靠疏導的方式，這是將「水患」變成了「水利」的功蹟，這不是「人定勝天」，而是「順天應人」的睿知，也是「天人合一」經濟文化的體現。有夏一代經濟生活的記載始自《尚書》的人「禹貢」篇。《尚書・禹貢》源自戰國時代人士之手筆，其可靠性若何，無從置詳，但是以供參考。夏氏出自中原河南洛陽地區，該地河水經常氾濫成災。夏禹治洪之後，農民安居樂業。夏代清大土地、釐清土地等級，並

且課以稅款。夏代成為父子世襲的封建制度的開始。由於夏代地廣人疏的農業社會，雖然實施了封建社會，但奴隸社會不容易建立。孔子、墨子、朱子等先聖先賢均稱讚夏禹所領導的和諧社會。[3]夏代除了農業有所發展之外，在工業、礦業、植物等皆有進展，這都在〈禹貢〉的著作裡找到答案。[4]直至夏桀無道，使農業生產敗壞，經濟走了下坡。於是高湯代民伐桀，農業經濟又恢復了生機。這可從《尚書》、《易經》、甲骨文等文物看出高低初期繁榮的經濟生活。[5]殷商本來出自游牧生活，畜牧業已有基礎。[6]亦可從許多出土的文物看出端倪。[7]

　　周代的農業發展又是另一高峰。周公一方面加強農業官吏制度，另一方面制訂「井田制度」。「井田制度」不但是中華文化農村經濟制度的典範，也是中國經濟思想的精髓。「井田制度」不只有農業經濟的意義，也有財政經濟、戶籍政治等意義。「井田制度」是以私有制為基礎，並且輔之於公有制，此乃出自中華文化「天人合一」的思想，也是中國經濟發展模式的典型。

## 三、井田制度的興起與衰落

　　井田制度是建立於封建制度之上的。封建制度勢微則井田制度崩潰。周昭王、周幽王等之無道、荒淫等行徑，促使封建制度破壞，進而使用代井田制度失去功能。井田制度的

---

3 錢公傅，中國經濟發展史，文景出版社，台北，1974 年，第 22 頁。
4 同前。
5 同前，第 32 頁。
6 胡原宜，甲骨學高文論叢初續集，大通書局，台北，1934 年，第 365 頁。
7 同前。

勢微也造成西周的結束，遷都洛陽。西周末期，中原已有戰
亂，東周乃是春秋戰國之時代，井田制度也失去了功能，於
是有商鞅相棄；「廢井田·開阡陌」更是依據井田制度的基本
經神，重新規劃土地，並且主張土地私有制，土地也可以自
由買賣。秦孝公時代井田制度表面上是崩潰的，實際上是井
田制度的從新開始。[8]

　　春秋時期始自西元前的七七一年周室東遷至戰國末期
（西元前二二一年，凡五百五十一年。這個時期的經濟思想
是百家爭鳴、百花齊放，是中國歷史上學術思想最為光輝的
時代。九流十家思想奔放。秦統一天下之後，儒生們對於秦
始皇施政的不滿，遂有李斯建議秦王，行焚書坑儒的暴政。

　　憶起三代，夏商周政權輪替，夏亡之後有商，商亡之後
有周；夏商周三代雖然有不同政權，但三者同時並存。[9]夏人
執政時為夏，商人執政時為商，周人執政時為周。夏商周皆
以中原地區為據點，夏人居中，周人在西，商人在東。夏商
周三代皆以黃河為重心，孕育了中華文化與文明的基石。中
華文明先是從石器時代發展至銅器時代，乃至於紙器時代。
中國歷史上的青銅器時代含蓋了夏商周三代。這個時期，中
華民族已經能夠使用銅與錫的成合金製成青銅器；到了戰國
時期，中華文明已經進入了鐵器時代。[10]從青銅器時代到紙
器時代發展的過程中也發展了中國的文字，官僚制度和社會
結構等中華文明。其實在四千七百年前的人文初祖黃帝時代

---

8　一般認為法家思想是統制經濟，這個看法是錯誤的。商鞅相素廢井
　　田，開阡陌的策施是實施耕者有其田的辦法。
9　孫同勛（總校訂），中國文化史，大中國圖書公司，台北，1997年，
　　第10頁。
10　同前，第9頁。

已有了舟車、天文、弓矢、指南針、音樂等等初步的中華文
明。此文明在夏商周三代有大火的進展。可是西周之前的中
華文明都是傳聞，並沒有文字的記載。西漢太史公司馬遷《史
記》中的〈五帝本紀〉增強了傳聞中的可靠性。〈五帝本紀〉
描述了黃帝乃是顓頊、帝嚳、帝堯、帝舜等人的祖先，繼之
夏商周等的始祖亦爲黃帝的後人。《史記》以黃帝爲撰寫的開
端。黃帝軒轅氏爲人文初祖，而伏羲氏則爲人文始祖。傳說
中的伏羲氏比黃帝早了兩千多年。傳聞中的伏羲氏作八卦、
神農氏的日中爲市等爲「天人合一」易經思想的源頭活水。
燧人氏、伏羲氏、神農氏等一脈相承，反映了中華民族取火、
漁獵、農業等社會發展的不同文明階段，也是中華經濟文化
的原始階段。[11]

# 四、儒家與墨家的經濟思維方式

　　西周（西元前一〇五六年）開始的經濟思想史比較可靠，
因爲有了歷史的記錄。堯、舜、禹、夏代、商代等約爲一千
年，這一段期間的歷史皆爲傳聞。西周比較重視農業，這與
西方文明古周相似。兩周始祖后稷，相傳是堯帝時代的農事
主管。西周王朝每年約有所謂的農祭大典，這正是因爲農業
乃是萬民之所寄，民以食爲天，是也。周代大臣伊尹、管仲、
范蠡等名人，亦爲名商。重商思想或重商主義乃是中國傳統
文化之一，這是毋庸置疑的。這尤其是法家的經濟思想。儒
家思想並不輕忽高景、商人。仿間腐儒的言論錯解了儒家思
想的本質，遂有所謂士農兵工商等爲序的看法，此貽害民族

經濟與文明甚為重大。

春秋戰國時期經濟思想人才輩出，例如管仲、單旗、范蠡、孔丘、孟軻、墨翟、荀況、李悝、高軮、韓非等等的思想。

管仲為中國經濟學之父，《管子》一書為其代表著作。他是唯物主義者。《管子》書中談論及「衣食足則知榮辱」、「食廩實則知禮節」等主張皆甚務實可行。管子的富民思想是藏富於民、民富國強。市場經濟以及私有財產制度乃是管子思想的主軸。當然的，他也主張那些壟斷性的名澤大山所珍藏的物資應該由政府來經營，用以伸張正義和充實國庫。《管子》的思想，其經濟的哲學基礎在於滿足人的自利心，這個理論與西方經濟學之父亞當‧史密（Odam Smith, 1723-1790）《國富論》（The Wealth of Nation, 1776）的基本經濟思想相一致。不過管子的思想比亞當‧史密的著作提早了至少兩千兩百年。管子的經濟思想被視為法家經濟思想的代表，它是自由市場經濟的典範，並非管制經濟的本質。

儒家經濟思想主張「國民之所利而利之」、「不義而富且貴，於我如源雲」、「子罕言利」、「君子諭於義、小人諭於利」、「君子謀道不謀食」等等言論得知，孔孟儒家思想的理性、中庸、和諧等的看法也是認為私有財產制度和市場經濟機能的重要性。不過他反對讀書人和為官的求利，因為儒家和官僚追逐的目標與百姓或商人應有所不同。儒家思想重視各行各業分工的角色功能。另外，儒家思想的大同社會是乃非馬列的共產主義，然而與同時期的西歐在希臘柏拉圖的「共和國」的共產主義看法頗為相似。

墨翟的思想自稱非儒，其實與孔孟儒學甚為相近，只不

過比較不重視那些形式上的禮儀和中庸之道。墨家思想此主
張的兼愛、非攻、薄葬、尚同、尚賢、非儒、非樂、非命、
明鬼、天志等主章均可在《墨子》的著作裡得知。墨家的思
想比較務實，無拘泥於形式。墨家的思想是理性的資本主義，
比儒家思想更明確是「入世」的意義。具體的說墨家的思想
在經濟發展的現實上與西方基督新教的資本主義思想相當接
近。

## 五、司馬遷與桑弘羊

楊朱是先秦道家思想的重要人物。楊朱「貴己」的思想
與儒家思想「子罕言利」似有些不協調之處。然而楊朱等人
的思想不主張私有財產制度，卻主張挾弱濟貧的均富思想。
楊朱雖然是道家代表性的人物，卻與道家經典與《老子》的
看法有些不同。《老子》的看法是「無爲」。「無爲」可以「知
足常樂」來解釋。「貴己」則與西方經濟學亞當‧史密的「利
己心」的看法本質相同，但言義不同。前者不主張私有財產
制度，後者則不然。楊朱思想中的「貴己」是「有我」，比較
「入世」，此與墨家相似。老子的思想比較「出世」，是乃「無
爲」的道家，楊朱乃是「有爲」的道家。不管楊朱思想或是
老子思想等道家思想皆反對私有財產制度的終局無慾性違反
了經濟再發展的動力，這難怪道家思想在唐代以後被佛教所
融化成爲佛道思想。[12]儒家思想也有在朝與在野的區別。司
馬遷的經濟思想，是以自由市場經濟爲取向的，在司馬遷的
《史記》中〈平準書〉、〈貨殖列傳〉等皆是典型的在野儒家

12 胡崇窗，中國經濟思想之簡編，中國社會科學出版社，北京，1981
年，第 169 頁。

經濟思想。《史記‧貨殖列傳》中的「天下熙熙，皆爲利來，天下攘攘，皆以利往」的觀念乃是人性之自然，這是司馬遷放任經濟思想的主張。因此他的經濟政策主張是「善因之」爲主要，依次爲「利導之」、「教誨之」、「整齊之」、「與之爭」等逐步的實施適當的政府經濟政策。

　　桑弘羊是西漢法家經濟思想的代表性人物。桑弘羊是重高主義者，也主張政府實施干涉政策，特別是平準法和均輸法的實踐。在鹽紙論戰中桑弘羊強烈反對儒生的觀點。漢昭帝始元六年（西元前八一年）台開了鹽鐵會議御文大夫桑弘羊以及其助理們與儒生們（賢良、文學）展開財經政策大辯論；這是中國歷史上少有的儒法財經政策大論戰。此項大辯論文稿的整理者桓寬也是儒生，多少有所偏袒。[13]儒家經濟思想若不「與時俱進」，則可能變成了教條主義，其對於經濟發展是沒有助益的。中國這部經濟思想史首重於儒生的管觀點，也有待重新評估。例如對王莽的經濟政策有所非議，其實王莽的經濟思想充滿了人道主義的色彩。

## 六、唐宋功利主義的經濟思想

　　西晉的占田制、北魏的均田利等歷史背景都是要解決「以農立國」土地問題。唐代工商業發達，於是實施租庸調制。到了唐德宗時，楊炎於西元七八○年實體實施兩稅制。北宋王安石提出了市易法、均輸法、青苗法、免行錢、方田均稅等等財經措施，堪稱王安石變法。王安石並沒有什麼新穎的經濟新思維，只綜合了法家儒家等經濟思想，而形成一個很

---

13 同前，第218頁。

有體系的經濟政策。宋代除了王安石的經濟改革政策之外，
沈括、蘇洵、蘇軾等人也是經濟思想家。南宋江南功利主義
儒家以浙江永喜學派的葉適和永康學派的陳亮等人爲代表。
明代的丘濬和李贄皆秉承方入世功利儒家思想並且加以發揚
光大之。此然張居正的一條鞭法也是歷史的產物。明清之際
海上絲路盛行，對外經濟貿易的經濟思想逐漸形成一個思
潮。徐光啓、王夫之、顏元等均有重商主義的思想。

## 七、魏源·洪仁玕等人的改革開放

　　清季魏源秉承林則徐之囑編寫《海國圖志》　明言「師
責長技以制夷」，期能化西方科技爲國人之所用。繼之，有洪
仁玕的《資政新篇》，馮桂芳的《校邠盧抗議》，鄭觀應的《盛
世危言》，康有爲的《大同書》等等有關向西方經濟學習的思
想出現。除此之外，一些曾經留學歐美的知識份子也提出了
有關中國應該改革開放的言論，他們是馬建忠、嚴復、梁啓
超、孫中山等等愛國人士；特別是孫中山先生的民生主義經
濟思想。西元一九一九年五月四日的「五四運動」「打倒孔家
店」的聲勢浩大，但頗有爭議。其間蘇聯也送來了馬列主義
的經濟思想。孫中山的經濟思想是通古金之變，究天人之際
成一家之言。孫中山思想有來自中國傳統經濟思想的精髓（要
做中國古代文化的新主人，不做中國古代思想的舊奴隸），有
來西方外來經濟的要義（要做西方外來文化所有人，不做西
方外來思想的殖民地），也有孫中山與時俱進的新思想、新文
化和新觀念。孫中山思想與魯迅的「拿來主義」是相通的。

# 八、孫中山思想中的馬克斯主義

　　孫中山也肯定馬克斯思想的，但他不認同馬克斯的方法。所謂馬克斯思想是指馬克斯的人道主義和人本主義；所謂馬克斯方法是指一八四八年的共產黨宣言中企業全面國有化等主張。孫中山稱馬克斯是社會病理學家。[14]一九七八年以後的中國改革開放方向正確。中國文化要消化西方文化，深化中國文化。所謂的西方文化當然包括馬克斯的文化。此時此刻應從新檢討那些馬克斯文化為中國現代化之所需，甚為重要。

　　中華民族是多民族的融合，中華宗教是多宗教的融合，而中華文化是多種文化的融合。中華經濟文化乃是中華文化的一個重要環結。於是中國經濟要楊棄保守主義、功利主義、自由主義的執著，很理性探取拿來主義的基本精神，引用古今中外經濟思想文化的精髓，用以發展中國經濟，這是中華「和合」文化的意義。孫中山先生曾說「主張」沒有好壞之分，只要適於我們的乃是好主義；魯迅反對被動的西方「送來主義」，而主張主動的「拿來主義」，這個想法與鄧小平的黑貓白貓論相同。

---

14 魏萼，中國國富論，時報出版社，台北，2000年，第258頁。

# 第二節　敦煌文明的文藝復興

## 一、敦煌文藝復興的意義

　　中國人太自傲了；中國地大物博、歷史文化悠久而精深，確實值得自傲的，但是目前中國仍然是開發中國家的經濟，平均國民所得偏低、國人民品味未振，此與經濟已開發國家的北美、西歐、日本等地相比較，尚有相當大的差距。

　　西方國家自從文藝復興之後，發展了海上文明，能夠融合世界各種優秀文化於一身，因而創造了現代化的動力，於是展開了各種文明的啓蒙運動，終於掃除了中古世紀歐洲的陰影，並且創造了全球化普世價值的文明楷模。日本也能步其後塵，自從十九世紀明治維新之後，發展出「和魂洋才」的日本武士新道文化後，如今日本的現代發展經驗，舉世關注。[15]

　　中國的漢唐盛世，河西「陸上絲路」文明曾經創造了歷史的輝煌，這是東西文化交匯下的經濟生命力所產生的奇蹟；如今，一切既往矣！宋明以後的中國沿海地區「海上絲路」文明也是成功的典範。以史爲鏡，可以知與替。中國文明的前景要鏟除自由主義，保守主義和功利主義等三座思想的大山。中國邁向全球普世價值現代化文明絕對不做外來西方文化的殖民地（稱爲中國），當然也不做中國古代思想的奴

---

15　于桂芬《西風東漸》（中日攝取西方文化的比較研究），臺灣商務印書館，臺北、臺灣，2003 年，第 1 頁至第 23 頁。

隸（古為今用）。「五四運動」旨在打醒孔家店，並非欲打倒孔家思想。可是鴉片戰爭之後，中國民族主義意識高漲，是乃中國文化的「黑暗時期」（不能與時俱進），此可以義和團為代表；中國的臺灣屢遭外來政權的統治，臺灣人民粹主義特別濃厚，這以上「二二八事件」以後的史實做為代表。[16]另外臺灣的孔孟學會是否有做到內聖與外王儒學的基本要義，甚值重新評價。此處也要呼籲重視入世功利型儒學與時俱進的現代化意義。

## 二、敦煌燦爛文明的回憶

敦煌文化與文明是全世界、全人類的重要遺產之一，但不是獨一無二的。筆者於二〇〇五年七月二日至七月十二日再度造訪河西走廊的蘭州、天水、武威、張掖、酒泉、玉門關、嘉峪關、安西、敦煌等地，瀏覽河西走廊的壁畫瑰寶和石窟文明，以及繁華的絲路遺蹟，甚歎敦煌燦爛的佛宮文化乃是中華民族中國人的驕傲。這裡讓我們思考到中國何以能創造此文化奇蹟呢？還有此奇蹟何以不能延續呢？這個答案在於中西文化的交流與融合的問題了。文化與宗教是經濟發展的另一隻看不見的手，文化的交流與融合就能產出經濟發展的生命力，而經濟發展之後就能創造現代化的一文明，這是一個歷史發展的規律；河西走廊的絲路文化與文明就是一個典型的例證。中國人以河西走廊的絲路文明為榮，為傲，但今日的河西絲路所產生的經濟發展動力不再，今日的中國

---

16 馬若孟‧賴澤涵‧魏萼等著，《二二八事件：臺灣悲劇的開始》，史丹佛大學出版社，史丹佛‧加州，1991 年。（中文版於 1993 年在臺北時報出版社出版，羅珞珈主譯）。

仍然是經濟開發中國家，此與西歐、北美、日本等經濟已開發國家相比，相距甚遠。準此，中國人則並沒有什麼可以驕傲的。過去中國人時有天下即中國，中國即天下等唯我獨尊的世界觀，這是因為中國人曾有驕傲的過去，但我們更珍惜的如何創造光榮的未來。敦煌是河山走廊的重鎮，莫高窟的壁畫、塑像等的具體成就是世界人類重要的遺產，而藏經洞數以萬計歷史文物的流失也顯示出中國的悲哀。[17]

　　敦煌早在東周春秋戰國時代已是遊牧民族烏孫人活動的重要據點，後來為月氏人所佔。秦漢之交匈奴人崛起，敦煌為其所有，月氏人因而西遷。西元前一二一年，河西走廊為西漢武帝所屬，設置武威、酒泉二郡，十年後於西元前一一一年（漢武帝元鼎六年）又設張掖與敦煌二郡，並且修築長城至敦煌，還有玉門關和陽關，成為河西出西域的大門。如此河西四郡和二關乃成為漢朝掌握西疆的主要根據地。為了鎮守河西，漢初實施移民實邊政策，引進中原各階層人士到河西屯田，東漢時期更有大批漢人進住河西，於是河西遂成為各民族會聚的地區，而以敦煌為漢王室在西域的政治、經濟、軍事的中樞。東漢末期三國鼎立，敦煌為曹魏屬地，魏文帝曹丕繼承西漢的屯田政策，引進中原文化與農業。敦煌一直是中原文人儒者大族聚集的中心點，於是敦煌莫高窟始建於西元二三六年的北涼時期。東漢以後的敦煌已成為文人雅士論學的地方，但歷經魏晉南北朝時期的戰亂和破壞，稍有衰退。隋代甚重視敦煌，另闢第三絲綢之路的新北道，從敦煌出發到達西海（今鹿特丹），隋朝以前的絲路有南北二

17 沙武田・梁紅，《敦煌文明再現》，甘肅人民美術出版社，蘭州・甘肅，2004 年，第 7 頁至第 26 頁。

道，北道到達波斯，南道到達印度。初唐時期的敦煌政局不
穩，內有分離勢力，外有異族威脅。西元七五五年（天寶十
四年），安祿山之亂，吐番乘機進兵河西，河州為吐蕃所有。
吐蕃統治敦煌時期，時有民族文化失調的衝突在所難免。經
過了文化衝突的陣痛期之後，吐蕃與敦煌世族合作是通過佛
教信仰上的共識來達成的，佛教文化在敦煌於是大放異彩。
自西元七八六年吐蕃統治敦煌及河西等地達六十二年，至西
元八四八年（唐大中二年）張議潮率眾起義取代吐蕃。張議
潮為沙州世族之後，甚得沙州名門豪傑等人士的支持。起義
成功之後，敦煌以及河西等地復歸唐朝統治，惟因晚唐國力
勢微，何況外族吐蕃、回鶻等外在壓力仍在，於是張議潮管
理河西則任重道遠。[18]唐亡後，張議潮的後代建立西漢金山
國和敦煌國。西元九三一年，甘州節度使曹議金結合回鶻勢
力篡得政權號稱拓西大王統率歸義軍「王國」。曹民「王國」
與中原政權相處尚稱良好，於一〇三六年，曹氏「王國」被
西夏所滅。張議潮和曹議金二氏前後統治河西及沙州共一百
八十八年。事實上曹氏王朝亡於西夏之前，沙州回鶻勢力主
宰了曹氏大政，此時西夏政權已在河西。也是西夏政權與曹
氏歸義軍共存的時代。西元一〇三六年西夏才完全統治了敦
煌及河西。西夏崇奉佛教，並以藏傳佛教為主，惟因戰爭連
綿，敦煌失去過去的繁盛，絲路地位漸退。西元一二〇五年
起，蒙古開始出兵河西沙州，一二〇七年敦煌為蒙古所據，
西夏亡。元朝統治敦煌時期因為政局不安，敦煌在交通、貿
易的地區下降。明朝於一三六八年成立王朝；此時蒙古、吐

18 同前。

蕃勢力仍大，敦煌已失去過去經濟和政治地位。一六四四年
清政府統治中國後，清初頗重視西域，但燦爛的敦煌大勢已
去。清末（西元一九○○年）王元祿道士在無意中發現了藏
經洞，由於王道士的無知和滿清政府的無能，導致數以萬計
的國寶流失國外，令人心痛。國民政府時代更因內憂外患，
對於敦煌文明和河西文化無暇顧及，實在可惜。直至一九八
○年代，因爲中國改革開放的新思維之後，政府與民間學者
開始又重視了敦煌，這是敦煌文明文藝復興的契機。[19]

# 三、西方文藝復興前的宗教文化

　　觀看古今中外，文明的崛起與文化的融合關係密切。所
謂的「洋爲中用」,「古爲今用」和「與時俱進」的客觀、理
性的接合古今中外的思想與作爲至爲重要。司馬遷有言，通
古今之變，究天人之際，成一家之言，這個思維模式正是一
個文明發展的定律；這個定律是文明盛衰的關鍵。敦煌文明
與河西文化的興衰便是其中的一個環結。世界文明的重心從
西南亞、中東、西亞、西歐、東亞、南歐、西歐、北歐、北
美，再逐漸從亞太地區轉移等。何以如此，其中一個很重要
的因素是文化與經濟的交流與融合，促成了經濟的發展，再
由經濟的進步，推動了文明的再造。敦煌文明與河西文化曾
經因爲有文化與經濟的交流與融合而興起，也曾經因爲缺乏
文化與經濟的交流與融合而衰落。這個文化與經濟的交流與
融合也有所謂良性循環與惡性循環的現象。換言之，文化與
經濟的交流與融合多則愈多；反之少則愈少。經濟發展隨之。

---

19 同前。

漢唐的敦煌文明與明清的敦煌文明就是一個對比。至於敦煌
裡文明何以有如此興衰的歷史呢？各方看法不一，值得討
論。然而可以判斷的是有內在與外在因素所造成的。在外在
的因素主要的是西方歐洲十字東征和東方蒙古西征等長期戰
亂；在內在的因素主要的是河西走廊西夏以後，尤其自蒙元
以來長期的政情不安和軍事衝突。於是路上絲路的敦煌上文
明和河西文化在十一世紀到十五世紀之間遭受到重創。取而
代之的明清中國東南沿海的海上絲路。其實海上絲路源自宋
元，發達於明清。東南沿海地區在楚州、揚州、蘇州、杭州、
溫州、泉州、福州、廈門、廣州等地因為東西方文化的交流
因而興盛，這也正好迎合歐洲拉丁文明的大航海時代；當時
葡萄牙、西班牙、荷蘭、意大利等國家航海事業的發達，也
造成了以後世界翻天覆地的大改變這些都是源頭於西方文藝
復興的新文化運動。[20]

　　西方文藝復興的啟示。古代的歐洲經過了希臘文化、希
伯來文化和羅馬文化等的融合，自然形成了幾世紀的繁榮與
強盛。到了西元第五世紀，西羅馬的滅亡，西歐進入了黑暗
時期。從西元世紀到十五世紀，約凡一千年，史稱中古世紀
的歐洲。這個時期的西部歐洲是西歐黃金時代的希臘、羅馬
等宗教文化，加上了日耳曼專制而構成的一個新的社會新文
化。日耳曼人有許多部落，文化水平低落，靠武力獨裁統治。
各部落據地以霸道方式實施封建制度。其放棄氏族和宗法的
倫理式的封建，而採取功利式地緣主義的封建模式；其主要
的內容是依靠功利與現實主義，霸權者統治了封建主，封建

20　沈之興、張幼香　《西方文化史》，中山大學出版社，廣州‧廣東，1997
　　年，第 15 頁至第 99 頁。

主擁有自己土地和田園，並且實施奴隸式的管理。封建之主
要是各階層的貴族和武士。日耳曼蠻族本身缺乏優質的文
化，只好借用西羅馬時代所遺留下來的基督管理方式加以專
制化，實施宗教獨裁；以教會做為中心，實施政教合一；神
權與政權的統合，基督教神權只是政權的工具而已。這種高
壓的宗教專制扼阿殺了市場經濟發展的生機，那更談不上政
治民主與人權自由，此為西歐的黑暗時期。直至第十四、五
世紀的歐洲文藝復興以後，緊接著的是啟蒙運動和宗教改
革，於是英國開始展開了產業革命，然後才有今日的西歐、
北美等地的現代文化和新普世價值的到來。[21]

# 四、希臘羅馬文化的再生

　　西歐文藝復興是一個新文化運動，它是西歐邁向現代化
的動力，也是西歐走向自由、民主、法治、人權等的一個生
命力。文藝復興破除了西歐封建專制的束縛，使之走向西方
民主政治和市場經濟的道路。它是從封建主義社會向資本主
義社會的轉移；資本主義帶來西方的繁榮與進步，當中是希
臘羅馬文化的再生。文藝復興使人們的心胸開闊，富有冒險、
進取、求真、求實等科學精神，它使西方世界從價值單元化
發展到價值多元化。因此他們要推翻宗教獨裁，進而進行宗
教改革。中古世紀歐洲的日耳曼人利用基督教的宗教力量進
行統治，實於政教合一。文藝復興之後，逐漸實施政教分離，
西元一五七一年馬丁・路德宗教改革之後，逐漸確立基督新
教的科學性，這也帶動了西歐、北美的現代化與全球化普世

---

21 同前。

價值的新時代思潮。文藝復興是因為中古世紀野蠻人的入侵和基督教徒的被利用，把原有豐富的希臘羅馬文化從破壞與毀損的廢墟當中搶救出來從新加予創造，它不是希臘、羅馬文化的復古，而是希臘、羅馬文化的再生、再造。當中市場經濟扮演著關鍵的角色。具體的說，由於資本主義的萌芽而產生了文藝復興，進而由於文藝復興推動了資本主義，壯大了資本主義。文藝復興之後的西歐並不是古代希臘羅馬文化的奴隸，而是與時俱進的西方文化結晶品，它含蓋了希伯萊文化、拜占庭文化、波斯文化、阿拉伯文化，甚至多少也吸收了東方的佛教文化、儒家文化等等文明。文藝復興的誕生地當然是古希臘羅馬文化大本營的意大利。它以人文精神、人文主義為核心，取代神權政治，它是一場人文與科學的精神文明展開對封建主義與基督神權主義的大挑戰。它把人的尊嚴從宗教的神秘主義中拯救出來，它提倡這個世界是以人為中心，人可以主宰世界、宇宙。這是科學家、哲學家等的理性主義反對封建主義、神權主義的精神，並認為理學、哲學、科學、神學等可以結合起來，並且以人為本位的思想可以做到人定勝天的境界。

西方文藝復興與十字軍東征有關，因為農奴與工匠地位的提高，成為地主和工廠的新主人，變成小地主、小資本家；文藝復興與蒙古西征也有關係，因為東方的印刷、火藥、造紙和羅盤等新科技傳到西方，加速了新文化運動。西方文藝復興從拉丁文明創造了大航海時代。新航路發現，海上貿易的興盛，民主國家的建立，促進了東西文化與經濟的交流，此影響極為深遠；因為它衝破了黑暗時期的歐洲，使西方世界的學術帶來一片光明燦爛的藍天。這在政治學、經濟學、

人類學、社會學、神學、倫理學、管理學、法學、天文學、藝術、建築、醫學、科學、美學等等領域的發展提供了新的園地。[22]

# 五、再造中華盛世的新文明

　　文藝復興是東西方各種文化交流與融合的產物；若沒有文藝復興恐沒有今日的西方文明；今日東方文明的日本也是東西方文化的合和所促成的。十九世紀的日本明治維新是典型的例子；日本是東方型資本主義文明最成功的國家。日本的「銷國令」始自十七世紀中葉的德川幕府，至十九世紀中葉美國人的「黑船叩關」為止，這兩百年期間仍然很理性的吸收西方學，特別是荷蘭以及葡萄牙、西班牙等大航海文化的。明治維新以後更為理性的吸收西方的文化，這不只是西方的船堅炮利而已。日本人對於東方文化儒家思想的尊崇是與時俱進的；這與中國不同。中國人則太驕傲了；經常自命為天下即中國，中國即天下；儒學來自中國，中國人有「中體西用」的自我主義，很難客觀理性的去接受西方的優點文化。日本則會很客觀的立場來擷取東方、西方文化的精髓，實現「拿來主義」國家文明現代化的目標。中國的洋務運動方向的錯誤、戊戌變化的失敗以至於「五四運動」新文化運動等都是歷史文化發展過程中的環結而已。這些都不是理性「中國本位論」文化所造成的。

　　中國必需經過中華文化的文藝復興、文化新啓蒙運動，甚至於中國的宗教改革，然而展開如火如荼的中國產業革

---

22 劉詩平、孟豪實，《敦煌百年》（一個民族的心靈歷程），廣東教育出版社，廣州·廣東，2000 年，第 208 頁至 339 頁。

命，進而創造「中華盛世」的新文明。在這個現代化過程中，敦煌文化的發展不能缺席。

# 第三節　司馬遷的經濟思想

## 一、孔子的《春秋》與司馬遷的《史記》

司馬遷是偉大的史學家、思想家。他被稱之爲"史聖"，在中國歷史上具有崇高的學術地位。對於中國文化、歷史、思想産生了巨大影響。郭沫若曾經認爲他是繼孔子以後另一位偉大的文化巨匠。孔子著有《春秋》，司馬遷著有《史記》。孔子生長在春秋時代，是我國思想百家齊放的時期，《史記》是在我國思想重新整理的時代。所以孔子時代百花齊放，司馬遷時代是百科全書。孔子所處的時代開花，司馬遷所處時代結果。孔子的思想有啓發性，司馬遷的思想有歸納性。孔子致力於詩、書、禮、樂的學問，融成一爐。司馬遷匯總儒家以外的墨家、法家、兵家思想，融爲一體成結晶品，並應用在政治、社會、文化、民俗、天文、地理、醫學、科技、經濟等方面。孔子述而不作，司馬遷致力於著作，而撰寫了這步"通古今之變，立天人之際，成自家之言"的《史記》。

孔子是儒家的代表，通道家、墨家、法家、兵家等，司馬遷是孔子思想的延伸，囊括了儒家、墨家、法家、兵家，當然還有道家。孔子居儒家而通其他各家，司馬遷則融合各家。司馬遷的《史記》總結了中國自伏羲氏以及三、四千年以來的文化，集其大成，是博大精深、發人深省的一部百科

全書。《史記》資料非常豐富，是中華民族文化資產的代表性著作之一。中國二十六史《史記》占首位，是群史之首。

　　《史記》有五十二萬六千多字，這部著作從中國的傳說時代開始，包括黃帝的記載，直到漢武帝時代，跨越兩千多年歷史。具體包括《本紀》、《表》、《書》、《世家》、《列傳》五個部分。《本紀》描寫歷代皇帝施政的傑出表現，歷代皇帝的特色。包括十二本紀。《表》是各朝代、各歷史時期的歷史大事，共有十表。《書》是有關於天文、水利、曆法、經濟、文化、藝術等方面個別事件的發展，是制度、政策、思想的著作，共有八書。《世家》是描述歷朝歷代貴族、諸侯等的歷史著作，有三十世家。《列傳》描述各個代表性人物，是各不同階層不同類型人物的傳記。當然包括少數民族和國外的狀況，尤其是國外尊王統治的歷史，共有七十列傳。總而言之，《史記》有不同的體例，十二本紀、十表、八書、三十世家、七十列傳，一共一百三十篇，是一部完整的歷史、文化與思想的著作。而且構成“通古今之變，立天人之際，成自家之言”的完整體系。《史記》用了很多生動文字描述有關事件，引人入勝，流傳很廣，影響深遠。

　　司馬遷是陝西龍門人，生於西元前 145 年，於西元前 90 年過世，享年 55 歲。司馬遷出生史官家庭，父親是歷史學家，官居漢武帝太史令，漢武帝設太史令，就是御史。司馬遷的祖父擔任過周朝的史官，掌握國家歷史，類似於國史館館長，之前八代都從事太史職務，司馬遷出生於御史世家。司馬遷的父親司馬談，學識淵博，司馬遷聰明過人，在父親指導下對歷史發生興趣，並有判斷歷史的天分。庭訓良好，受家世影響，年輕時就博學多才，在長安很有名氣。他讀書尤其力

求甚解、不恥下問。對史料考察、研究、判斷、辨別得非常清楚。智慧加上求知欲望，以及庭訓都影響著他，也有機會到全國各地考察、探詢有關的各種史料。

司馬談西元前 110 年在洛陽病故，臨終之前叮嚀司馬遷，說漢朝興起之後，四海歸一，上有名主，下有忠誠義士，作為太史令有責任將這些歷史，特別是漢初的賢明君主、忠誠義士的很多生動故事寫下來，流傳到後代去。司馬遷立志一生要寫著作，以完成父親的遺囑和自己的心願。所以寫這部《史記》。司馬遷繼任父親職位，整理各種文書檔案，很多外界看不到的資料，他看到了，這些資料很珍貴，宏圖大展。於是開始寫《史記》。

西元前 99 年，漢武帝將領李陵，追隨在李廣下打匈奴，在塞外不幸被匈奴包圍，雖然努力突圍，浴血奮戰，彈盡援絕，被俘，最後投降。李陵投降的消息使漢武帝非常憤怒，將他的家人，包括母親、妻子、兒子都關起來。李廣是他的長官，也是漢武帝寵愛的妃子，李夫人的兄長。因為是皇親國戚，很多大臣都應付李廣。事實上李廣沒有很好地支援李陵，使他彈盡援絕，兵敗被俘，李廣是有責任的，大臣們貪生怕死，不敢批評李廣，而把罪過加在李陵身上。只有司馬遷敢於向皇帝報告，認為李陵很正直，忠心耿耿，兵卒五千，深入匈奴腹地，孤軍奮戰，戰功顯赫，雖然失敗了，但雖敗尤榮。認為李陵對漢武帝忠貞不二，有機會還會脫離匈奴的掌握，回歸、效忠漢武帝。漢武帝不相信。司馬遷為李陵辯護，漢武帝認為這是司馬遷要陷害李廣，因為李廣是他的親人，他陷害李廣是對皇帝不尊重。漢武帝大怒，認為司馬遷為李陵歌功頌德有侮辱朝廷的意思。將司馬遷關押起來要判

死刑。我們知道漢武帝一生最大的貢獻是開疆拓土，在位 48
年有 42 年打匈奴，搞得漢朝財政空虛。當時法律有兩種規
定，一是死刑可以用重金贖罪，以及有錢人可以買官、做官，
司馬遷哪里有錢？因為修史被判腐刑而可免一死，這是一種
很殘忍的宮刑，讀書人尤其認為這是奇恥大辱，司馬遷為了
完成《史記》，不得不屈服，免死，接受腐刑。之後三年監禁。
司馬遷完成《史記》後，在西元前 90 年認為人難免一死，死
要重於泰山，不能輕於鴻毛，他受宮刑的奇恥大辱後，完成
了《史記》，死而無憾，跳河自殺。[23]

　　司馬遷的《史記》之所以能夠如此生動，原因之一是屬
於一種田野調查。比如到汨羅江憑吊偉大詩人屈原，到大禹
治水的遺迹去看，到孔子的家鄉看，體會到孔子的很多事情。
實際考察，一方面大開眼界，一方面體會。寫的東西，尤其
是列傳很生動。《史記》中的很多故事，二千多年後的現在還
很為後人樂談。比如黃帝、堯舜禹禪讓政治、大禹治水、姜
太公釣魚、周公東征、管仲相齊、趙氏孤兒、臥薪嘗膽、周
遊列國、三家分晉、商鞅變法、火牛陣、完璧歸趙、負荊請
罪、屈原、焚書坑儒、鴻門宴、破釜沈舟、蕭何月下追韓信、
四面楚歌、蕭歸曹隨、緹縈上書救父、張騫出使西域、夜郎
自大、飛將軍李廣、降將李陵、蘇武牧羊、司馬相如等等，
非常膾炙人口，流傳很廣，不僅有歷史意義，還有教育意義。

---

23 司馬遷的生平說法不一。他應生於漢武帝建年 6 年（西元前 135 年），
　　卒年不詳。司馬遷得年四二，也無法確定。他於《史記》脫稿之後失
　　蹤了，一說他是投河自殺。

# 二、司馬遷的經濟思想

　　緊接著要談的是司馬遷的經濟思想。當然司馬遷的經濟思想受他父親司馬談的影響很大，司馬遷跟司馬談的思想是連貫的。他 13 歲出遊，20 歲時已經展轉各地，長江中游、下游，黃河等各地都跑過，收集了很多資料，體裁充實，加上自己的智慧凝聚成《史記》的思想。在經濟方面有其時代背景，尤其是漢初經過黃老之治，秉承自由經濟思想。所以司馬遷的經濟思想基本上以道家與儒家為主。著作以《貨殖列傳》、《平准書》最為主要。《貨殖列傳》主要談當時工商業經濟的環境，還有許多個案的研究，所以《貨殖列傳》本身有宏觀和微觀的思想，《貨殖列傳》函蓋市場經濟與生產經濟。思想體系很靈活，歸納起來可以說是善因論，以善因為出發點，善因之，善則因之，其次是利導之，還有教誨之，使悔改或者上進，整齊之，執行政策，與之爭。企業、老百姓不能做的，政府來做，老百姓督戰，刺激老百姓，最後還是希望歸於民營。從善因之、利導之、教誨之、整齊之到與之爭有五個階段。當然善因之出自自由放任思想，一切從自然，農林漁牧各行各業順應自然，做到人盡其才、地盡其利、物盡其用、貨暢其流，整個社會達到和諧，這是道家思想，"道法自然"，這個自然是最高境界。如果做不到則利導之，以利引導，以降低利息或稅收方式鼓勵工商界從事生產，讓老百姓做，使老百姓從善入流。如果這一點老百姓做不到，再教他去做。利導之是牽牛到河裏喝水，牛不去，政府就要教導他怎樣喝水，使他自己去。再做不到就用政策，趕他逼他喝水。整齊之。政府採用手段強制他。整齊之再做不到，

政府只好就用灌水的方式，使他生存。從善因之、利導之、教誨之、整齊之到與之爭逐步由自由放任到政府強制，就是從市場經濟到計劃經濟，基本用市場經濟解決問題，市場經濟不行再用計劃經濟解決，鼓勵民營企業，藏富於民，老百姓做不到，然後慢慢一步一步地進行，真正無可奈何才用政府的力量來做。這就是司馬遷的思想。善因之是道家是思想，利導之是墨家的思想，教誨之是儒家思想，整齊之是法家思想，最後與之爭，無可奈何，採用策略的方式，政府來做，是兵家的思想。換句話說司馬遷的經濟思想函蓋了道家、墨家、儒家、法家、兵家的思想，什麼狀況下用什麼政策達到目的，不僵硬，而是很機動融合各家長處，發展社會經濟。

　　從善因論我們回顧到管子思想，管子的思想是輕重論。輕重論跟善因論完全不同，輕重論是權宜的政策，政府要扮演重要角色，政府來引導，比較僵硬。管子的思想是法家思想，由政府引導，目的是培養老百姓生產能力，最後目的是發展市場經濟。不同的是司馬遷因勢利導，機動地運用道家、墨家、法家、儒家、兵家的做法。管子屬於法家，當然也通其他各家，但與司馬遷的善因論出發點是不同的。善因論與輕重論的出發點不同，這一點我們必須認清。[24]

　　司馬遷的《平準書》談國家政策，司馬遷的思想放任，不喜歡當時漢武帝的很多做法。漢武帝當時採用桑弘羊的很多做法，比如平準、均輸、鹽鐵論，司馬遷對這些做法不贊成。桑弘羊鹽鐵論的思想是比較儒化的法家，法家色彩比較濃厚。大臣跟書生的論證，司馬遷比較偏向儒生的做法，主

---

24 胡寄窗，《中國經濟思想簡編》，中國社會科學出版社，北京，中國，1981 年，第 127 頁至 167 頁。

張在野的觀點，對在朝的桑弘羊的政策不滿，無可奈何才能用。但也不是完全反對，認為不必要時不用。所以司馬遷的經濟思想不僅與管仲的出發點不同，與桑弘羊的也不同。進一步說司馬遷的思想函蓋了管子的思想，也函蓋了之後桑弘羊的思想。管子思想是輕重論，桑弘羊是鹽鐵論。總之司馬遷思想的基礎是善因之。提倡善因之，對於「與之爭」要在無可奈何時才用，中間還有利導之、教誨之、整齊之，有條件地使用，政策可以相機進行。政策的實施要因勢利導，因才而用、因才而教，最後達到善因之的目的。道法自然的經濟思想是以自然、自由思想的市場經濟為主。

《貨殖列傳》重視市場經濟，也不反對政府引導，認為必要時要使用政策。

司馬遷的經濟思想主要來自《平准書》和《貨殖列傳》。《平准書》記述從春秋末期到西漢的一些政府政策，以財政政策和政府的財政收入和支出狀況為主。《平准書》敘述政府政策，運用政府力量，買賤賣貴的過程，從中取利，收到財政收入。另一項著作是《貨殖列傳》。《貨殖列傳》描述春秋末期到西漢的工商業和富人的商業經營方式，特別是成功企業家的經營哲學。

司馬遷不但主張富人，也主張富國，兩者結合，使國家經濟保持長久繁榮。他也主張富身與富國結合，就是個人發財與國家發財結合。《貨殖列傳》描述了十幾個成功商人的故事，這些商人可以報國，所以富身與富國是可以結合的。司馬遷的經濟思想從宏觀和微觀角度都希望政府能夠富裕，也希望老百姓富裕，老百姓富裕，國家也富，是從整體來看。司馬遷主張善因之、利導之、教誨之、整齊之、與之爭的政

府參與程序，基本以善因作爲主要，所以稱爲善因論。善因
論站在自由放任的思想體系，以道家思想作爲基礎。漢初文
景之治，文風鼎盛，國家富強，加上西漢採取政府措施，爲
司馬遷的學問、研究提供了思想基礎。司馬遷雖然主張善因
論，但不堅持，要看國家的經濟狀況、社會狀況而做決定。
以善因爲主，有道家思想，但沒有道家的消極、順應自然、
復古的思想，他自由放任，但向前看，與道家思想不同。

跟儒家思想也不同，儒家思想以富家作爲出發點。從自
己的家庭作爲出發點，有時經常與富國不能結合，被誤解，
富家而經常不能達到富國目的。這與法家正好相反，法家基
本以富國爲主。法家與儒家的差異就在於此。司馬遷的思想
是要儒家思想跟道家思想以及道家思想與法家思想結合，把
握儒家、道家、法家三家的思想精髓，予以灌制、融通。

司馬遷主張求富有三種。一是本富，二爲末富，三爲奸
富。本富以從事農業爲主，末富以工商業致富，奸富是指玩
弄法令規章而致富的奸商，所以稱爲奸富。司馬遷認爲本富
與末富應該都要，他反對奸富。對奸富不能放任，要整齊之，
要取締、防止。雖然求富是人之常情，但富要有道。國家要
幫商人、老百姓致富。

## 三、「善因論」與「輕重論」的本質

他堅決反對輕重論，認爲輕重論是政府來操縱物價，從
中取利。這是漁民中利，雖然政府口口聲聲有助於平穩物價，
但事實上影響生產資源調配，有礙於經濟發展。他的著作，
記述了很多漢初平準政策的一些過程，包括財政和經濟政

策。貴時賣出，賤時買入，政府操作，也給商人以操作的機會。這是不好的。他不贊成當時的批准政策，這些與桑弘羊的輕重論如出一轍。漢初桑弘羊的政策司馬遷不贊成。

　　顯然司馬遷的財政思想與當時的政府政策不一致。《貨殖列傳》寫了十幾個富商，記述了他們經營成功的經驗和他們的人生哲學、經營哲學。特別提到商人楷模陶朱公和商業治生的鼻祖白圭，陶朱公和白圭雖然致富發財，但不是奸商，是愛國商人的楷模。當時社會上多少有些輕商，不止漢朝，中國歷史上西漢之前，特別是春秋戰國時期，有所謂輕商的思想。司馬遷對商人是重視的，只要不做奸商，有經營的理念，致富應也是國家富裕的原因，富家與富國相結合是非常重要的。家庭富與國家富一致，基本上要重視治生之學。就是怎樣經營，管理企業。經營有道，自然家庭可以致富，國家也就富裕了，這是一致的。治生之學是肯定商人行為的，為商人和富家辯護。治生、富家、治國，治生好，事業做得好，家庭就富起來了，家庭富起來，國家也可以富，因為國家是個人和家庭的整體。[25]

　　司馬遷特別重視衣食之源，就是怎樣造成豐衣足食。要促進生產，獎勵、鼓勵衣食的生產，就是重視農工業的發展。衣食之源發達，上則富國，下則富家，非常有意義。所以司馬遷非常重視生產。《貨殖列傳》貨殖兩字就是生產，重視生產就可以致富。本富為上，末富次之，奸富為下。對奸富是反對的，重點在本富和末富，發展農工商。使得農工商齊頭共進，共同發展。

---

25 同前，第185頁至221頁。

　　司馬遷的經濟思想也反對奢侈浪費，主張節儉。他很稱許白圭，認爲他節儉，不浪費，衣食住行上有分寸，是一個楷模。司馬遷之前，特別是春秋戰國時，大家重視勤儉，認爲這是致富的來源。從司馬遷描述白圭的經驗看出，勤跟儉是重要的，但還要奇，出奇制勝，用現在的話說就是怎樣看准投資，看准了就大膽地投資才能致富。他對白圭非常稱許，認爲他懂得觀察時變，時機的變動，掌握時機，知道"人棄我取，人取我與"。這種"人棄我取，人取我與"的哲學跟一般常人的看法不一樣。常人的看法就是人棄我棄，人取我也取。白圭出奇制勝，抓到商機賺錢，這是治生，生財之道。

　　司馬遷雖然認爲本富爲主，末富次之，但也說求富，農不如工，工不如商。雖然重視本富，但也承認農業發展致富不如工商快的事實，言下之意，雖然以農爲主，工商次之，但也非常重視工商業。

　　從以上的敍述看出，司馬遷的經濟思想是融會貫通的。從先秦諸家到西漢經驗融會貫通，綜合儒家、道家、法家各家思想，充分利用。以善因論，就是道家的思想作爲出發點，融合了各家之長，認爲富國與富家一體，富國與治生應該結合，富國、富家與治生三位一體，是很平衡的理念。

　　從司馬遷的思想可以看出他不但重視宏觀經濟也重視微觀經濟，是宏觀與微觀結合。他雖然以自由放任作爲基點，反對當局主導政策的所謂的輕重論，但也不是道家消極無爲，他是有爲的。司馬遷的經濟思想函蓋了西方經濟學者的思想，特別是 1776 年所謂經濟學之父亞當·斯密《國富論》的思想，加上 1936 年新經濟學約翰·凱因斯《一般理論》的思想，前者主張自由放任，有必要時政府可以採取一些政策

來補充市場經濟的不足。[26]司馬遷的經濟思想非常豐富，雖然《史記》中以經濟作爲重點的記述不多，但確實都非常精華、精致，經濟思想非常完整，而且融合、調和，不偏不倚。函蓋了西方經濟思想的主流思想。亞當·斯密以及約翰·凱因斯的經濟思想是西方的主流思想，司馬遷都函蓋了。從所謂整齊之、與之爭的政策看出，司馬遷的經濟思想不但函蓋了西方經濟學的主流、非主流思想，也函蓋了反主流思想。特別是與之爭，就是用政府力量創辦國營事業，老百姓不能做的，政府來做，這也像西方反主流的馬克思主義的思想。如此，司馬遷的經濟思想至少函蓋了斯密、凱因斯和馬克思的經濟思想，非常有意義。

　　亞當·斯密主張之有欲，中國的道家思想站在消極角度，傾向於無欲，司馬遷站在有欲和無欲之間調和，這是他的高明之處。它不止是黃老之治的思想，也不是寡欲，而且有欲也主張節儉。站得高，看得遠。梁啓超也研究了《史記》的《貨殖列傳》的一些問題，他認爲西方的很多言論，比如亞當·斯密的經濟思想與司馬遷的善因論有些相似，這是一個巧合。但中國與西方的環境是不同的，雖然有觀念上的一致，可是應用上是不同的，正是東西文化背景不同。梁啓超的意思是說西方的思想只看到某一部分，不能看到全面，而司馬遷的思想函蓋了不同階段的思想。不止函蓋了亞當斯密的思想，也函蓋了約翰·凱因斯，甚至於卡爾·馬克思的思想。他的思想在中國的經濟思想中是掌握了真正的、函蓋面很廣的主流思想，是中國經濟思想的代表，可給西方做參考。

---

26 同前。

　　當然鼎盛的西漢給司馬遷提供了寫作的題材，更重要的是司馬遷的思想有爲、有守，正是中國文化思想的代表。其綜合、調和、秉承了中國文化的傳成，起到了承上啓下的功能。

# 第六章　香江、香山的文化與文明

## 第一節　建設一個富有香江特色的經濟文明
### ── 西方文藝復興所帶來的啓示

### 一、香港的繁榮是歷史的偶然？

　　香港過去的繁榮是歷史的偶然，而上海未來的繁榮是形勢的必然。香港在鴉片戰後已被國際所重視，但香港的發展則在於第二世界大戰，然而戰後的國共內戰以及中華人民共和國的成立，更是加速了香港的繁榮與進步。其中臺灣海峽兩岸分離與結合，也大大的影響了香港的持續發展。當前香港繁榮的因素逐漸過去，香港必需重新找定位，以尋找香港再造經濟奇蹟的新方向。

　　就以當前的情勢來說，上海繁榮「利多」的因素超過了香港。上海自一九八〇年代以來的經濟發展，突飛猛進。在預料的未來，上海發展的空間仍然寬廣。這是香港所沒有的。迄至目前為止，香港經濟發展的水平還是高居於上海之上很多，但若目前形勢不改變，上海發展的情勢似有凌駕香港之趨勢。香港仍然有優勢，畢竟香港不是上海。香港在歷史上、地理上、文化上、社會上等等因均有特色，進一步張揚此經濟發展的特色，重新出發，這才是香港經濟發展持續領先的

戰略因素。香港當今是中國經濟圈中人均國民所得最高的地位。[1]從鴉片戰爭以後香港是接受西方文明最多的地方，因此香港的孔孟文化面對西方文化的挑戰因而最爲深刻。香港人是中國人，一百多年來與中國的關係不斷。香港曾是殖民地，一九九七年以後也是典型的「一國兩制」的實驗區；也是「一國兩制」實驗成功的典範。但是國人皆期待香港重新出發，因此香港的重新定位和定向，其對於香港的繁榮和中國現代化文明的示範，意義深遠。

　　世界經濟發展的重心已從內陸移至海洋；中國「陸上絲路」發展到「海上絲路」即是一例。香港的崛起也是順應這個主客觀的形勢。西方世界的葡萄牙、西班牙、荷蘭等陸續在十五、十六世紀成爲海上霸權，繼之英國也發展了海上強權。香港曾爲英國皇冠上的寶珠，這些與西方的文藝復興等等息息相關。香港的崛起受到西方的影響甚大，她也是東西方文化的橋樑。香港往後持續的發展似可扮演東方文藝復興搖籃與新啓蒙的角色與功能。

　　西方文藝復興是古希臘、羅馬等文化的再生，並負於這些文化的新時代使命。西方世界經過了近一千年的中古世紀基督教的封建專制時期，文藝復興之後，促使西歐文化與文明改頭換面，並以嶄新的面貌來帶動全世界的文明與現代化。[2]東方的香港等地與西方文化接觸比較早，況且其也有東方孔孟文化的基礎；東西方化的精華融合成爲一個整體，並且以嶄新的面貌挑戰二十一世紀的全球文明。西方文藝復興

---

1 臺灣，香港，新加坡，澳門等地是中華經濟圈裡平軍國民所得較高的地區。
2 余英時，知識人與中國文化的價值，時報出版社，台北・台灣，2007年，第 153 頁至 161 頁。

之後有著一連串的政治、經濟、社會、文化以及宗教的革新運動，這些都是西歐邁向現代化文明得必經過程。「二戰」以後，東方經濟的崛起已經是一個事實，這個崛起與西化有關，至少接受了西方文藝復興以後的思想與科技，這些藍色海洋文明也多少影響東方的文明。東方的文明雖然不是全盤西化，但其確實是傾向西化的。[3]

## 二、儒家資本主義福利社會政策的特色

香港曾是中國經濟圈中人均國民所得最高的地區，一般來說國民生計已從小康邁向富裕。換言之，香港人的「生活水準」已經偏高，其所追求的應是「生活素質」的提昇了。若從孫中山先生民生主義看來，這不是食衣住行的一般日常經濟生活問題，而是育與樂的課題了。生活素質的育與樂可從狹義與廣義兩方面來解說。狹義的生活素質乃是一般國民生活中的教育、娛樂、音樂、美術、藝術、醫療等等層面去敘述；廣義的生活素質則可從國民生活中的民主政治、市場經濟以及人權、法治社會等觀念去探討。這些都是經濟發展與文化、文明的關係。西方文藝復興之後，西歐不但經濟生活突飛猛進，況且在文化與文明的生活提昇等有著顯著的表現。然而也有缺失，那是貧富懸殊和社會正義失衡。經過了十九世紀、二十世紀等社會主義思想的崛起，特別馬列主義等社會主義的興衰史，帶來西歐、北美等福利國家的新思想，這些都是二十一世紀全球化的新潮流。這個西方思想也啟發了東方儒家文化圈的新思維。西方思想以基督教為中心，這

---

3 同前註，225 頁至 201 頁。

包括馬丁路德以後的基督新教和羅耀拉以後的耶穌會天主教
為主要。可是西方希臘羅馬以及希伯來等文化所創造的西方
經濟文明雖有獨特，但也有侷限和缺失。這些西方的文明確
實是人類的資產，但有偏差。凡此在在是西方十五世紀以後
的文藝復興，所帶來的貢獻。東方儒家文化與文明正好也可
以填補西方的一些文化與文明缺口，最主要的是「以人為本」
的哲學思維。

　　西方福利社會政策以北歐的瑞典為例，政府扮演著重要
的角色與功能。瑞典人的一生無慮；從搖籃到墳墓，一貫作
業安排到底。政府「公的作為」完全取代了民間「私的作為」。
這是比較機械性的作為，缺乏了人性的意義。儒家孔孟禮運
大同社會，以人為本位；政府則站在補助的地位。民間百姓
所能做到的老吾老以及人之老，幼吾幼以及人之幼等社會政
策思想皆以人為本位，這是「天人合一」思想的運作。此與
基督新教為主要的西方社會政策思想是不同調的。此外基督
新教徒因為榮耀基督耶穌，人的一生辛勤努力以創造財富，
並且把生命交給了上帝，並且在有生之年所創造的財產竭力
奉獻給教會與政府，這些都是西方福利國家社會的特色，這
也是西方資本主義精神的支柱。

　　東方儒家資本主義養兒防老，積穀防饑的勤儉耐勞精神
把一生奮鬥的成果往往是為了子子孫孫等後代，這是東方儒
家資本主義西方基督新教資本主義等有所不同的地方。未嘗
也是一個特色。「二戰」以後東方儒家資本主義圈的崛起，其
經濟發展的奇蹟已令世人刮目相看，其福利社會政策也舉世
關注。香港的經濟發展是個成功的典範，但是二十一世紀裡，
以儒家資本主義著稱的香港經濟何去何從？大家甚為關心；

特別是香港的福利社會政策是否爲中國經濟的楷模？大家拭目以待。如何建設一個富有香港特色的經濟文明，展現「一國兩制」的特色和典範，舉世關注。[4]

## 三、香港新儒家文化的形成與內涵

香港曾是英國殖民地超過一個半世紀，也曾是英國皇冠上的一顆明珠；但是香港爲中國儒家文化圈的重要成員。因此香港是中國文化融合西方文化的典範。香港擁有中國文化的本質，但是傳統文化的包袱比較少，又有殖民地的特色。這種情形與上海十里洋場、山東的威海、青島、遼寧的大連、旅順、河北省的天津等地相似，此外台灣也曾是日本人等的殖民地。這些地區受到外國文化，尤其是西方文化的影響比較大，其一方面接收西方的文化，另一面也可乘機去除中國文化中的腐朽，如此中國文化與西方文化的交叉與融合而孕育出一種現代化文明的動力。這個以香港新儒家的思想最具代表性。

香港「新儒家」的形成也是歷史造成的。國共內戰的結果成立了中華人民共和國；蔣介石的國民黨退守臺灣。臺灣與大陸均堅守不同的意識形態。特別是親共與反共的鬥爭曾是勢不兩立；彼此曾缺乏理性的基礎。一些有良心、有理性的知識份子，尤其是儒者們，他們的集思廣義，逐漸形成一股富有代表性的學術思想。他們本著儒家思想的基本精神：通古今之變，究天人之際，成一家之言。香港新儒家們一方面基於中國文化的本質，吸收西方文化的精華，融會貫通，

4 王德昭，西洋通史，五南出版社，台北‧台灣，2001年，第427頁至461頁。

自成一個儒家文化的新體系，甚有特色。[5]

　　香港新儒家最主要的是要擺脫意識形態的羈絆，並以實事求是的態度來面對中國文化、西方思想，尤其對於馬克斯教條主義的批判，欲企圖尋找真正馬克斯主義的本質。香港新儒家其所謂的消化西方思想、文化，這當然包括要消化馬克斯思想在內，這是馬克斯思想中國化的課題。馬克斯思想對於西方資本主義的批判是嚴厲的，因為西方資本主義不是萬靈丹。香港新儒家很理性的對待中西方文化是很正確的。香港新儒家最大的缺點是坐以論道，對於這種學術思想的實踐性比較不足。

　　一九九七年七月一日香港回歸祖國之後，港臺等華人學者研究儒學的新方向不只重視儒學的理論，更重視儒學的實踐，是乃有新「新儒學」的新觀念、新時代的到來。新儒學是新「新儒學」的理論基礎，新「新儒學」是新儒學的實踐。新「新儒學」是主張回歸孔孟思想的基本精神，重視內聖與外王。

# 四、西方文藝復興所帶來的啟示

　　日耳曼人入侵西歐，西元四七六年西羅馬滅亡，於是西歐進入了黑暗時期；直至十五世紀的西方文藝復興。西歐的黑暗時期，凡約一千年。日耳曼人本為缺乏文化的北歐民族，好在他們重視了羅馬帝國時代的基督教，也利用了基督教的文化來統治西歐，然而實施了基督教的獨裁，尤其始自第八世紀的神聖羅馬帝國以後的「政教合一」政權。十一世紀十

---

5 同前註。

字軍東征以後東西方文化交流頻仍，尤其是馬哥波羅的《東方見聞錄》影響甚大。繼之蒙古西征的影響亦巨大。印刷術、火藥、羅盤等的西傳對於西歐的貢獻不少。

中世紀歐洲的莊園與基爾特在十字軍東征時期逐漸趨於解體。中世紀的教皇、封建主、貴族、武士等是明顯的領導階層，在第十一世紀開始鬆動，直至第十五世紀趨於崩潰。主要的動力來自經濟新自由人。由於十字軍的東征軍費負擔巨大，中世紀的封建主以及貴族們為了籌措軍費等經費，將封建地釋放給農奴和工匠等被統治階級，他們逐漸變成了新地主和新貴族。終於展開了西歐市場經濟和資本主義的新紀元。

西歐資本主義的萌芽帶動了思想的開放，於是自由、民主、法治、人權、科學、技術等的大革新遂接踵而來，開拓了西歐北美的普世文明世紀。鴉片戰後，香港接受英國人的統治凡一百五十五年之久，接觸西方文明比較早，復加之香港本有中華儒家文化的特性；中西方文化可融會成為一股推動現代化普世文明的動力。香港是當今華人社會平均國民所得最高的地區，此有資格充當中華文化文藝復興的「龍頭重鎮」。

## 五、富有香江特色的文明社會

「一國兩制」在香港實踐的成果如何？各方雖看法不一；一般來說都能接受這個發展模式。香港回歸祖國，這是舉凡中國人都希望見到的事實，惟大家卻期望著香港能夠創造一個富有香港特色的經濟文明。因為香港經濟發展階段以屬於高度開發的經濟發展地區，其平均國民所得不但冠於全

球華人，何況其具備了東西方文化交融的歷史背景，但基本上香港是東方儒家文化經濟圈的重要成員之一。她有條件成為東方國家經濟文明的典範，這是香港的一個獨特。

香港經濟文明的獨特不僅要與全球性的普世價值中的自由、民主、人權、法治和科技等相接軌，其更要發展「以人為本」的生活素質，特別是社會福利的機制。「尊儒敬孔」是東方的道德人倫主軸，這與西方國家以希伯來、希臘、羅馬等文化以法治科學為主要的立足點稍有不同。香港經濟文明應以儒家「禮運大同」為中心，發展出一個富有人倫主義的福利社會主義，有別於西方北歐的瑞典福利國家社會主義模式。目前日本正在發展此一有別於瑞典的福利社會模式，而香港怎能讓日本專美於前呢？因為儒家思想源自中國，香港也是儒家思想的重鎮。

中國永遠是中國，她歷經災難，也歷經激情。災難、激情過後終將回歸理性與中國人的中國。孔孟的禮運大同社會主義才是真正富有中國特色的社會主義。一九九七年七月一日以後香港回歸祖國，已成為實踐「一國兩制」的典範。中國永遠是中國，從長計議，其終將回歸「一國一制」。以香港的政治、經濟、文化、社會等等優勢，如何創造香港成為一個富有中國文明社會典範的特區，此其時矣。

# 第二節　香山文化與中華文明
## ── 轉形中的澳門經濟

## 一、文化使人和諧、文明使人幸福

澳門是香山文化的重鎮，它富有中西文化融合的特色。「一體多元化」以及「多元化一體」的文化和諧性是澳門再造文明的資產。當今澳門文化的主軸正在從天主教文化轉向爲儒家文化；因此其經濟發展甚具潛力，平均國民所得勢將傲視廣大的華人文化經濟圈。

澳門的博彩產業也將由傳統式的博奕模式，轉型爲「拉斯維加式」多元功能的渡假村模式；二〇〇七年八月二十八日落成、開幕的「威尼斯人」便是一例，它將使澳門的博彩產業脫胎換骨，並且逐漸凸顯東方型的觀光旅遊和博彩特性。[6]

文化使人和諧、文明使人幸福。澳門的香山文化將在中華文藝復興中扮演著積極的功能；當中儒家思想的從新定位至爲重要。

## 二、香山文化正在轉型、澳門經濟勢必繁榮

澳門人的幸福指數勢將提高，這是因爲澳門的文明水平在這個新的世紀裡有了重大的變化。文化使人和諧，文明使人幸福；文化是文明的種子，文明是文化的果實。澳門的文化自從回歸祖國之後有了本質的變化。

以天主教文化爲主軸的葡萄牙人曾統治了澳門長達四百

---

6 同註 1。

四十二年。天主教文化創造世界文明的進程是無法與基督新相比較的。這可從當今的西歐、北美經濟發展遠勝於南歐洲以及中南美洲等爲證。文化無所謂優劣之分，這是因爲各宗教、各民族，還有不同時間、地域的差異性和偏好性，但是其對於經濟發展和文明的表現是有不同的。除了天主教與基督教的差異性之外，尚有大乘佛教與小乘佛教經濟圈，儒家新教與伊斯蘭教經濟圈等的比較可以得知。[7]澳門回歸祖國以後，其統治的文化主軸逐漸從天主教文化轉變成爲儒家文化。這首先衝擊的是澳門經濟發展，具體的事實是澳門人均國民所得驚人的增加；澳門的人均國民所得已從二〇〇〇年的一萬八千美元提高到今日二萬八千美元，並且超過了香港，這也是一個奇蹟。[8]這個發展的「勢頭」短期間內不會改變。澳門人民生活水平的增進是令人欣慰的事，這也可以證明中共實施「一國兩制」的成效。特別是二〇〇七年八月二十八日東南亞最大的博彩綜合渡假村「威尼斯人」的隆重開幕，此開啓了澳門經濟發展的新紀元。[9]澳門步上了美國內華達州和拉斯維加斯的博彩模式，此令人一則喜、一則憂的感覺。所喜者乃是澳門博彩產業正在脫胎換骨，邁向現代化、國際化，甚至於全球化。所憂者乃澳門博奕事業的專業化之後，會產生產業的單元化和社會貧富兩級化。其實這個憂慮是多餘的。

---

7 魏萼，《中國國富論》（經濟中國的第 3 隻手），時報出版社，台北，2001年。

8 2006 年澳門平均國民所得爲二萬八千四百美元，超過香港的二萬七千六百美元。

9 《中國時報》（第 A 三版），台北，2007 年 8 月 28 日。有關報導。

# 三、富有中國特色「拉斯維加式」的博彩產業

　　澳門發展博彩產業由來已久,但澳門的博彩產業朝向「拉斯維加式」的發展是一個必然的趨勢,此將帶動整個澳門的博奕事業。從汰舊換新到發展澳門特色,這是一個非常的破壞轉向到非常建設的一個新階段。「拉斯維加式」的博彩產業與傳統式」的博彩產業有著本質上的差異。前者是多樣化的經營,舉凡購物、觀光、旅遊、會議、休閒、音樂、藝術、戲劇、舞蹈等等多元化的經營;而令人注目的博奕項目只是其中的一個重要部份而已。這與「傳統式」的澳門博奕事業為獨特項目,有著本質上的不同。很明顯的,它將全面帶動澳門經濟發展,同時也將在淘汰傳統博奕事業的過程中發展出一個「富有中國特色」的「拉斯維加式」的博彩產業,此亦將全面帶動澳門的經濟發展。澳門經濟將以脫胎換骨的方式展現在世人的眼前,因此澳門的經濟將全面性的被看好。換言之,澳門經濟將是一片藍天。至於有人憂慮的澳門產業空洞化和所得分配兩極化等等,皆是杞人憂天的通俗之論而已。

　　美國的內華達州平均國民所得經常冠於全國,這是拉斯維加斯等地博彩產業的貢獻。澳門的平均國民所得也將居全球華人首位。這個理想不是夢,它將是一個明顯的事實。這不僅是澳門的福氣,澳門的建設也終將水漲船高,以嶄新的面貌呈現於全世界。

# 四、澳門是中西文化融合的模範

　　澳門腹地的泛珠江三角洲等地區勢將繼續繁榮,它將與

澳門經濟有著互補的「等相關」。這些地區幫助了澳門的發展，澳門也將貢獻這些地區的經濟。這個互補的經濟發展模式是毋庸置疑的。

澳門為一邊陲小島，面積僅有二十八平方公里，人口也只有四十八萬人。地小人稀，況且物產不豐富。葡萄牙人統治期間逐漸由一個小漁村發展成為一個富有盛名的大賭場。葡萄牙人統治澳門的收入幾乎全靠博彩產業的收入，這包括博奕稅收和營業利潤；葡萄牙人雖不善予經營澳門，卻從澳門得到許多好處。此既往矣。澳門自從回歸祖國之後，已逐漸展現富有中國特色的經營方式；短短的不到十年的光景，澳門所呈現的持續成長，已令世人刮目相看。

澳門人已逐漸建立信心與驕傲，澳門人基本上也已認知自己是澳門情、中國心等的立場；然而過去並不以為然。過去的澳門人，一般來說把澳門看成踏腳石，澳門僅是澳門人的過路站。澳門本來就是一個移民的社會，復加上葡萄牙人的經營不善，澳門的經濟發展不甚理想，平均國民所得偏低。澳門人不很樂意大聲喊出自己是澳門人。如今已有不同，在可預見的未來更可以看到澳門人「安土重遷、安居樂業」的具體現象。

其實，葡萄牙人統治澳門的四百多年來也有其獨特之處。葡萄牙人信奉天主教，此與中國文化中儒釋道一體論是可以相結合的。天主教徒以「四海為家、落地生根」的理念以榮耀上帝和聖母瑪琍亞，因此可以與中國文化相結合。此已展開了所謂中葡文化的大融合時代。西學東漸也於是毫無顧忌的大力在澳門展開，然後逐步的在中國開花結果。澳門在中西文化交流與融合上，可以說是先驅，也是一個好的模

式。因為澳門的文化交流經驗是和諧的，這是個典範。

## 五、東方型文藝復興的新典範

　　澳門文化是嶺南文化的一支，它的特色是與西方文化的融合與和諧發展，它也是泛珠江三角洲文化的一個環結。此包括廣州、珠海、深圳、香港等等地區。其中還有所謂的香山文化，這是以澳門、中山和珠海等三地為主要，而以澳門文化為中心。[10]以上皆以中華文化為源頭活水；香山文化與閩南文化、嶺南文化、湖湘文化、巴蜀文化、巴渝文化等等共同構成一個中華文化的大家庭。澳門文化當然有其特色，其在政治、經濟、社會、藝術、文學、建築等等層面的確有其研究的必要；在學術上若能形成一個「澳門學」（Macaology）則甚有意義。

　　從「澳門學」的學術研究開始，進而展開東方型的文藝復興，甚為重要。以澳門彈丸之地做為典範，這似乎難免有力不從心之慨，然而澳門文化的特色在於中西文化的調和，這可聯合香港、深圳等泛珠江三角洲地區的文化力量，並帶動相關文化區域的參與，例如閩南金三角、長江三角洲等地區等等。文藝復興是文化的再生，而不是文化的復古；它是現代文明的花朵。澳門自明朝鄭和下西洋以後就逐漸成為中西文化交流的橋樑，它也是中學西傳的一扇門窗。西方文藝復興以後創造了大航海的時代，葡萄牙、荷蘭人、西班牙人等陸續到東方殖民，一五五七年以後澳門已是中華海上絲路

---

10 吳志良，「香山濠鏡辨光芒」，《一個沒有悲情的城市》，澳門日報出版
　社，澳門，2006 年，第 65 頁至 77 頁。

的一個小環結。[11]澳門於是成爲多民族、多文化、多宗教等
兼容並蓄的地方，特別是沒有顯著的文化衝突發生，當然也
沒有戰爭的發生，彼此和諧相處、和諧和融合發展。但是澳
門彈丸之地，況且又是籠罩著天主教文化的統治，使得澳門
文化的特色尙沒有成爲世界現代化文明的典範，甚爲可惜；
一九九九年年底澳門回歸中華文化的懷抱後，統治者的主軸
也已回歸儒家文化爲主要，這是一個澳門文明的新紀元，它
啓動了東方文藝復興的新動力和新活力；澳門的新時代已經
到來。

## 六、西方文藝復興的經驗

經過中世紀近約一千年的西歐「黑暗時期」後，從十三世
紀起，尤其是十五世紀以後，西歐展開了文藝復興的新時代。
西方文藝復興使西歐的文明變成了今日世界性的普世價值。

十字軍東征以及蒙古西征之後，西歐封建制度逐漸趨於
解體，於是新「經濟人」的出現，中產階級角色功能大爲增
加。[12]歐洲人生活水準提高之後，進而要求生活素質的增進。
意大利正處東西文化的交叉，又是面臨靠近海洋文化的地理
位置；終於成爲西方文藝復興的策源地。意大利的佛羅倫斯、
威尼斯和米蘭等是文藝復興的三大聖地；米開蘭基羅、達文
西、拉斐爾等是文藝復興的三大畫家；但丁、披得拉克、薄
加邱等是文藝復興的三大聖人。以上文藝復興的大事皆與意
大利有關。文藝復興從意大利開始，逐漸向西歐的西班牙、

---

11 同前註。
12 王德昭，《西洋通史：西方文明的源起與演進》，五南出版社，台北，
　　1989 年，第 427 頁至 466 頁。

比利時、法國、荷蘭、英國、德國以及北歐的瑞典、挪威、
丹麥等地區發展。[13]

西方文藝復興從經濟「自由人」對於文學、小說、音樂、
藝術、美術、雕刻、建築、飲食等等喜好，求新、求變的熱
烈傾向，用以改變過去的生活方式，進而從文藝層面發展到
政治、社會、司法、產業、宗教等的改革和維新。特別宗教
信仰上的重大發展，亦即從神權時代轉變成為人權時代的根
本改變；這種從「神」轉移到「人」的主軸時代，中間的重
要媒介是文藝的力量，並且從人文社會價值多元化取代了封
建社會神權單元化價值觀，這莫非是一大革命，也是西歐文
明的主力。此後歐洲大學林立，研究風氣興盛，富有新生事
務的創造力。隨之有了宗教改革、產業革命、美國獨立運動、
法國大革命等等事件相繼發生。其間新航路大發現、資本主
義的社會的產生、民族國家的興起；自由、民主、人權、法
治、科學、環保等等思想紛湧而起，整個西方世界改變了面
貌，尤其是北美、西歐等的現代化模式已成為全球文明的典
範和普世價值的代表。[14]

## 七、儒家新教文化的時代已經到來

西方文藝復興之後是基督新教資本主義思想成為時代的
新思潮，經濟思想家亞當‧史密斯、卡爾‧馬克斯、約翰‧
凱恩斯等等思想影響了整個世界。

由於資本主義多少缺乏人道主義，社會主義多少缺乏人
性主義，實踐與檢驗的結果：似有資本主義沒落、社會主義

---

13 同前註。
14 同前註。

崩潰的結局。西方文藝復興雖然改變了世界，但也有些遺憾。

　　戰後亞太經濟的崛起，尤其儒家文化經濟圈的表現更爲亮麗。東方型文藝復興與文明的思維方式已被認爲是二十一世紀人類的希望。特別是東西方文化的融合與調和正是新時代的潮流。其中儒家思想的整合性、持續性和創新性將再貢獻人類與世界；儒家思想一以貫之，與時俱進和本土化的本質將再創造文明的奇蹟。惟儒家思想二千五百多年來難免產生世俗的腐朽與異化現象，這必需去除儒家思想中的殘渣、垃圾，要以吸收西方思想用以深化中華思想的歷史使命，並且要以嶄新的面貌來面對這個新世紀。要之，我們要以「古爲今用、洋爲中用」的態度來「尊儒敬孔」。須知「五四運動」的「打倒孔家店」曾是激情的訴求，不合今日的時宜，今日中華文化的文藝復興是乃理性的「打醒孔家店」，要從儒學的再生中找到現代化文明的生命力。準此，澳門的香山文化要扮演著積極的角色與功能。[15]

## 八、以中華文明補充西方文明的不足

　　中西文化的交流與融合是戰後中華經濟圈經濟發展的主力，這不是香港、臺灣、澳門如此，也包括中國大陸在內。其中澳門經濟發展曾不甚傑出；這與葡萄牙人的統治有關。回歸以後的澳門經濟前景將是一片藍天。隨著西方文藝復興的洗禮過程，西方價值曾被重視，也成爲今日普世價值的典範。西方資本主義的沒落，社會主義的崩潰，繼之東方文化經濟的崛起，尤其以儒家文化爲最。

---

15 魏萼，《中華文藝復興與臺灣閩南文明》，文史哲出版社，台北，2007 年。

　　中華文藝復興是以「儒家新教」的倫理爲主要，而西方文藝復興則以「基督新教」爲重。前者以人文爲核心，後者仍然以宗教爲主軸。西方的文明已成爲全球化普世價值的代表，而中華文明將逐漸補充西方文明的不足。中華文明將從中西文化的融合做起，這一方面香山文化將扮演著重要的角色。這一方面，澳門文化當然不會缺席。

# 第七章　中國的迷惘與出路？
## ── 鄧小平先生的智慧

## 一、為台灣找出路、為中國找希望
## ── 大陸不改革、中國沒希望

　　我們要為台灣找出路，為中國找希望，為中國人找前途，為華人找福址；一定要使中國人真正的頂天立地，有尊嚴的站起來。

　　我們認為兩岸若不交流、台灣沒有出路，大陸若不改革、中國沒有希望；我們也認為若沒有統一的中國，必有分裂的台灣，政府若沒有明確的大陸政策，必有分歧的台獨思想；我們也確知中國的希望在台灣，而中國人的前途在大陸。我們努力的取向是要立足台灣，胸懷大陸，放眼世界；我們奮鬥的目標在於以中國文化振興中華，以民主政治再造中國，以市場經濟重建大陸；其最終的目的是要以自由、民主、均富統一中國。因此我們要伸張正義與真理，要為不平而怒吼。中國的前途不做古代思想的奴隸，也不做西方文化的殖民地。[1]

────────────

1　魏萼，《中華文藝復興與臺灣閩南文明》，文史哲出版社，臺北，臺灣，2007 年，第 209 頁。

## 二、貫徹以自由、民主、均富統一中國

　　我到中國大陸的訪問是受美國柏克萊加州大學施伯樂
（Robert A. Scalapino）教授等人的影響。施伯樂教授鼓勵我
與北京大學和中國社會科學院的教授們多交流。我曾於一九
八三年應柏克萊加州大學東亞研究所施伯樂所長的邀請擔任
研究員，因此也有機會與中國大陸許多學者研討有關的中國
問題，尤其是鄧小平的改革開放政策。一九八七年七月十五
日，中國國民黨的中華民國政府宣佈了新的中國政策之後，
我就確定了訪問中國大陸的動機。當時，我很敬佩蔣經國先
生的「貫徹以三民主義統一中國」主張，也很敬佩在大陸鄧
小平先生的「和平統一、一國兩制」等因勢利導的中國新政
策。他們「一言興邦」的睿智改變了中國的前途。循此思維，
我於一九八〇年代曾建議在福建閩南金三角形成「小臺北」
和「小臺灣」，在廣東珠江三角洲形成「小九龍」和「小香港」，
在山東、遼寧等地形成「小漢城」、「小韓國」，「小東京」、「小
日本」等等特區。同時也建議先在中國大陸沿海地區實施「富
有中國特色的資本主義」，此有利於中國大陸內陸地區實施
「富有中國特色的社會主義」，此為是「一陸兩制」的由來，
也是「一國兩制」的擴大與延長。循此模式，以閩南金三角
（漳、泉、廈）為例，似可以綜合其「閩南經濟圈」、「閩南
文化圈」和「閩南政治圈」等以形成「閩南文明團」。特別是
以廈門特區為試點，實施富有中國特色民主政治模式，其意
義甚為深遠。筆者有幸於一九八八年兩度與鄧小平先生見
面，並餐敘中國的迷惘與出路。有關談話的要點已應美國史
丹佛大學胡佛研究所馬若孟（Ramon H.Myers）教授的邀請

於二〇〇六年九月送達該中心「當代中國檔案」(The Modern China Archives and Special Collections)存檔。茲將部份「中國的迷惘與出路」相關資料節錄於后，供有識者參考。[2]

## 三、有關中國前途的一些看法
## —— 孫中山是百年來中國巨變中的偉人

### （一）對於持續改革開放政策的信心。

社會主義不等於貧窮、貧富不均也不等於社會主義。改革與開放政策使「藏富於民」的傳統市場經濟思想能落實於中國經濟。中國經濟應是「以農立國」、「以工強國」和「以商富國」等循序漸進，而且是農工商三者並重的。中國經濟應是從中國的國情出發與國際的理想接軌。如此中國文化的「大陸黃土文明」可以與西方文化的「海洋藍色文明」相融合而衍生一股經濟發展的新生命力。所以鄧小平主張發展中國沿海經濟特區，並且對港、澳、臺等地區提倡「一國兩制」的新經濟政策。

### （二）對於中國文化歷史傳承的肯定。

以儒家思想為主流的中國文化歷史長河潺潺滾滾，幾千年來正如黃河，長江一樣川流不息向東流。中國永遠是中國；中國文化永遠是中國文化。中國不做中國古代思想的奴隸，也不做西方文化的殖民地。國民黨元老陳立夫所提「以中國文化統一中國」的看法，基本上鄧小平也是同意的。可是中國文化是要「與時俱進」的；這正如太史公司馬遷所言要「通今之變，究天人之際，成一家之言」的中國文化。在實踐上

---

2 魏萼，《中國的迷惘與出路》，史丹佛大學胡佛研究所當代中國檔案，史丹佛‧加州（美國），2006 年 9 月。

則認同「不管黑貓白貓，只要能抓老鼠的貓乃是好貓」的實
證主義。[3]

### （三）對於國民黨蔣介石委員長歷史的定位。

有關百年來中國巨變中的偉人，江澤民先生於一九九七
年九月十二日中共第「十五大」時曾指出孫中山（救天下）、
毛澤東（打天下）和鄧小平（治天下）等人的貢獻；他同時
也指出馬列主義、孫中山思想和鄧小平理論等的連貫性和實
用性。其實蔣介石在此百年來中國巨變中也是偉人，因為蔣
介石在「保天下」是有功勞的；他完成了北伐和抗日，也完
成了廢除不平等條約的時代使命；因此他在「保天下」的貢
獻將永遠列入史冊的。然而蔣介石的一生也難免有過錯，因
此鄧小平曾說蔣介石做了不少壞事。

### （四）對於孫中山先生思想的尊重。

近百年來中國劇變中的第一偉人孫中山是愛中國、救中
國的民族主義者；他推翻滿清、建立民國，並且提出民族、
民權、民生等三民主義的治國藍圖；令人敬佩。孫中山思想
是中國文化的產物，但它能「與時俱進」的吸收了西方先進
國家的思想與經驗。孫中山先生高瞻遠矚的目光是中國需要
的；因此鄧小平稱讚他為中國民主革命的先行者。鄧小平與
蔣經國都是孫中山先生的信徒。其實一九四九年以後蔣介
石、蔣經國等的台灣經濟經驗以及一九七八年改革開放以來
鄧小平的中國經濟奇蹟等皆為孫中山思想的實踐。彼此是趨
於相同的。

### （五）對於「華人經濟圈」形成的看法。

---

3 亦即「古為今用」、「洋為中用」、「與時俱進」等儒家思想「拿來主義」
　的精神。

　　臺灣與中國大陸的經濟關係日益加強是必然的。中國經濟與世界華人經濟合作也是形勢的大必然，這尤其是與東南亞的華人經濟關係將重新定位。「華人經濟圈」的重要性將在這個世界裡扮演著顯著的角色。因此所屬「華人經濟圈」成員地區的中國大陸、臺灣、香港、澳門、東南亞以及全球的華人等均將受惠。鄧小平則說「華人經濟圈」勢將自然形成，不宜由政府來提動。這是基於中國文化敦親睦鄰的王道精神。

　　**（六）對於西歐、北美經濟現代化的敬佩。**

　　鴉片戰爭後中國遭受到外患內憂等多重的傷害，民不聊生；這尤其以日本的侵華戰爭最為慘烈。迄今中國經濟的人均國民所得仍然遠遠的落後於西歐、北美等經濟已開發國家。中國經濟的落後是歷史造成的；西歐、北美經濟的進步是世界大形勢造成的。鄧小平認為中國經濟的現代化要學習西方的經驗，特別要實踐孫中山思想中的「國際開發中國」理念。西方國家的資金、技術等的引進中國乃是一個關鍵因素。

　　**（七）對於中共「武力犯臺」政策的先決條件。**

　　中共不放棄對臺灣動武以維護國家領土的完整，但此並不是針對著在臺灣的同胞。鄧小平明確的說中共對臺灣動武是針對臺灣的獨立行動，其企圖把臺灣從祖國分裂、分離出去，或者外國的勢力助長臺灣的分裂、分離主義行動，或者當臺灣內部發生動亂時等為先決條件；如此中共才會對臺灣動武。鄧小平強調中國人不打中國人。鄧小平對於反「臺獨」的立場非常的堅定，但他也認為中國和平統一的時間會拖得比較長。他對於臺灣將有獨立的趨勢，憂心忡忡。[4]

---

4 中國歷史經分裂、分離的過程，但只要有一個富強德治的中國，那裡會有分裂、分離的邊疆呢？

### （八）對於「四個堅持」主張的彈性傾向。

目前所謂堅持馬列社會主義的道路，堅持無產階級的專政，堅持毛澤東思想和堅持共產黨的領導等主張，此不但是中共執政的哲學基礎，它也列入「中華人民共和國」的國家憲法。一九七八年鄧小平推行改革開放的政策後，認為中共的「四個堅持」可以適時的從「憲法」中撤走，而僅保留在「黨章」裡頭；鄧小平也指出可以先將天安門廣場的馬克斯、恩格斯、列寧、史達林等四個畫像撤走，只懸掛孫中山和毛澤東的畫像。這已於一九八九年四月二十六日落實了。[5]

### （九）對於國號、國旗、國歌的調整有其可能。

「中華人民共和國」的國號、國旗、國歌等是有其特殊歷史意義的，但是隨著「冷戰時期」的結束，許多當時所謂的蘇維埃社會主義國家，例如蒙古人民共和國、波蘭人民共和國等等國家都已改變了國號、國旗等舉措，中國當然也可能不會例外。「改革開放」以後的中華人民共和國已經是世界富強國家，中國人也已經真正的站起來了。這個持有五千年文化的文明古國，此時是展現中國人理性民族主義的時候了。這難怪鄧小平說出「中華人民共和國」國號等的調整也可以進一步談。

### （十）對於中國國民黨前途的關心。

有中國國民黨才有中國（中華民國），有中國共產黨才有新中國（中華人民共和國）。在本質上國共兩黨都是主張一個中國，反對分裂、分離中國的主張。但是自從蔣經國主席於一九八八年逝世以後，中國國民黨臺灣本土化的趨勢甚為明

---

5　1988 年 10 月 1 日仍然懸掛馬克斯、恩格斯、列寧、史達林等四個畫像，這是最後的一次。

顯，其中確實出現有些分裂主義的主張，這是很危險的事。
鄧小平曾指出李煥、王昇乃是蔣經國的亨哈二將，應該團結
起來爲國民黨的前途而奮力，其間也要團結陳誠先生的部屬
爲中國的未來而獻力。[6]

## 四、從中國威脅論到中國貢獻論。

　　兩岸不交流、台灣沒出路，大陸不改革，中國沒希望。
目前兩岸有交流，大陸在改革，基本上整個中國邁向現代化
文明的戰略方向甚爲正確。中國國民黨主席連戰於二〇〇五
年四月以後連續多次訪問中國大陸，並舉行「國共論壇」，此
主張甚爲重要。兩岸若不交流，國民黨將民進黨化；兩岸若
交流，共產黨則將國民黨化。另外中國的和平崛起過程中，
中國國家主席胡錦濤、總理溫家寶等人不斷的出訪有助於向
世人推廣「中國貢獻論」以取代「中國威脅論」的看法。二
十一世紀的中國，自當擁抱世界，走出世界，貢獻世界。

　　中國晉入現代文明的道路不但要從國情的現實出發，與
國際的理想接軌，也要從中國本土文化出發，與全球普世文
明相接軌。重視自由、民主、人權、法治、科技、環保、社
福以及宗教等的現代化社會乃是普世文明的走向，這在二十
一世紀的中國當然不能例外。其中臺灣是中華文藝復興的策
源地，她是中國邁向文明的燈塔。[7]

---

6 主張改國號的臺灣獨立是所謂的「臺獨」，不主張改國號的臺灣獨立運
　動是乃「獨臺」。「臺獨」。與「獨臺」的主張都是分裂主義的行爲。
7 這裡是我們的祖國，我們要使她文明。然而文化是文明的種子，文明
　則是文化的花朵。

# 後　　記

　　我們認為：文化是文明的種子，文明是文化的花朵。

　　我們堅信：文化使人和諧，文明使人幸福；政治使人分裂，武力使人分離。

　　這裡是我們的祖國，我們要使她富裕、民主、文明和幸福。

附件一：

# 關於臺灣回歸祖國實現和平
# 統一的方針政策*
## （1981 年 9 月 30 日）

### 葉　劍　英

今天是中華人民共和國三十二周年國慶前夕，又欣逢辛亥革命七十周年紀念日即將來臨之際，我首先向全國各民族人民，包括臺灣同胞、港澳同胞以及國外僑胞致以節日祝賀和親切問候。

1979 年元旦，全國人民代表大會常務委員會發表《告臺灣同胞書》，宣佈了爭取和平統一祖國的大政方針，得到全中國各族人民，包括臺灣同胞、港澳同胞以及國外僑胞的熱烈擁護和積極回應。臺灣海峽出現了和緩氣氛。現在，我願趁此機會進一步闡明關於臺灣回歸祖國，實現和平統一的方針政策：

（一）爲了儘早結束中華民族陷於分裂的不幸局面，我們建議舉行「中國「中國共產黨」」和中國「中國國民黨」兩黨對等談判，實行第三次合作，共同完成祖國統一大業。雙

---

* 這是葉劍英以全國人民代表大會常務委員會委員長的名義，向新華社記者發表的談話。

方可先派人接觸，充分交換意見。

（二）海峽兩岸各族人民迫切希望互通音訊、親人團聚、發展貿易、增進瞭。

我們建議雙方共同為通郵、通商、通航、探親、旅遊以及發展學術、文化、體育交流提供方便，達成有關協定。

（三）國家實現統一後，臺灣可作為特別行政區，享有高度的自治權，並可保留軍隊。中央政府不干預臺灣地方事務。

（四）臺灣實現社會、經濟制度不變，生活方式不變，同外國的經濟、文化關系不變。私人財產、房屋、土地、企業所有權、合法繼承權和外國投資不受侵犯。

（五）臺灣當局和各界代表人士，可擔任全國性政治機構的領導職務，參與國家管理。

（六）臺灣地方財政遇有困難時，可由中央政府酌情補助。

（七）臺灣各族人民、各界人士願回祖國大陸定居者，保證妥善安排，不受歧視，來去自由。

（八）歡迎臺灣工商界人士回祖國大陸投資，興辦各種經濟事業，保證其合法權益和利潤。

（九）統一祖國，人人有責。我們熱誠歡迎臺灣各族人民、各界人士、民眾團體通過各種渠道、採取各種方式提供建議，共商國是。

臺灣回歸祖國，完成統一大業是我們這一代人光榮、偉大的歷史使命。中國的統一和富強，不僅是祖國大陸各族人民的根本利益所在，同樣是臺灣各族同胞的根本利益所在，而且有利於遠東和世界和平。

　　我們希望廣大臺灣同胞，發揮愛國主義精神，積極促進全民族大團結早日實現，共用民族榮譽。希望港澳同胞、國外僑胞繼續努力，發揮橋梁作用，爲統一祖國貢獻力量。

　　我們希望「中國國民黨」當局堅持一個中國、反對“兩個中國”的立場，以民族大義爲重，捐棄前嫌，同我們攜起手來，共同完成統一祖國大業，實現振興中華的宏圖，爲列祖列宗爭光，爲子孫後代造福，在中華民族歷史上譜寫新的光輝篇章！

附件二：

# 致蔣經國先生信

## （1982 年 7 月 24 日）

### 廖 承 志

經國吾弟：

咫尺之隔，竟成海天之遙。南京匆匆一晤，瞬逾三十六載。幼時同袍，蘇京把晤，往事歷歷在目。惟長年未通音問，此誠憾事。近聞政躬違和，深為懸念。人過七旬，多有病痛，至盼善自珍攝。

三年以來，我黨一再倡議貴我兩黨舉行談判，同捐前嫌，共竟祖國統一大業。惟弟一再聲言"不接觸，不談判，不妥協"，余期期以為不可。世交深情，于公於私，理當進言，敬希詮察。

祖國和平統一，乃千秋功業。臺灣終必回歸祖國，早日解決對各方有利。臺灣同胞可安居樂業，兩岸各族人民可解骨肉分離之痛，在台諸前輩及大陸去台人員亦可各得其所，且有利於亞太地區局勢穩定和世界和平。吾弟嘗以"計利當計天下利，求名應求萬世名"自勉，倘能于吾弟手中成此偉業，必為舉國尊敬，世人推崇，功在國家，名留青史。所謂"罪人"之說，實相悖謬。局促東隅，終非久計。明若吾弟，自當了然。如遷延不決，或委之異日，不僅徒生困擾，吾弟

亦將難辭其咎。再者，和平統一純屬內政。外人巧言令色，意在圖我臺灣，此世人所共知者。當斷不斷，必受其亂。願弟慎思。

　　孫先生首創之中國「中國國民黨」，歷盡艱辛，無數先烈前仆後繼，終於推翻帝制，建立民國。光輝業迹，已成定論。國共兩度合作，均對國家民族作出巨大貢獻。首次合作，孫先生領導，吾輩雖幼，亦知一二。再次合作，老先生主其事，吾輩身在其中，應知梗概。事雖經緯萬端，但縱觀全局，合則對國家有利，分則必傷民族元氣。今日吾弟在台主政，三次合作，大責難謝。雙方領導，同窗摯友，彼此相知，談之更易。所謂"投降"、"屈事"、"吃虧"、"上當"之說，實難苟同。評價歷史，展望未來，應天下為公，以國家民族利益為最高準則，何發黨私之論！至於"以三民主義統一中國"云云，識者皆以為太不現實，未免自欺欺人。三民主義之真諦，吾輩深知，毋須爭辯。所謂臺灣"經濟繁榮，社會民主，民生樂利"等等，在台諸公，心中有數，亦毋庸贅言。試為貴党計，如能依時順勢，負起歷史責任，毅然和談，達成國家統一，則兩黨長期共存，互相監督，共圖振興中華之大業。否則，偏安之局，焉能自保。有識之士，慮已及此。事關「中國國民黨」興亡絕續，望弟再思。

　　近讀大作，有"切望父靈能回到家園與先人同住"之語，不勝感慨系之。今老先生仍厝于慈湖，統一之後，即當遷安故土，或奉化，或南京，或廬山，以了吾弟孝心。吾弟近曾有言："要把孝順的心，擴大為民族感情，去敬愛民族，奉獻於國家。"旨哉斯言，盍不實踐于統一大業！就國家民族而論，蔣氏兩代對歷史有所交代；就吾弟個人而言，可謂

忠孝兩全。否則，吾弟身後事何以自了。尚望三思。

　　吾弟一生坎坷，決非命運安排，一切操之在己。千秋功罪，系於一念之間。當今國際風雲變幻莫測，臺灣上下衆議紛紜。歲月不居，來日苦短，夜長夢多，時不我與。盼弟善爲抉擇，未雨綢繆。"寥廓海天，不歸何待？"

　　人到高年，愈加懷舊，如弟方便，余當束裝就道，前往台北探望，並面聆諸長輩教益。"度盡劫波兄弟在，相逢一笑泯恩仇"。遙望南天，不禁神馳，書不盡言，諸希珍重，佇候複音。

　　老夫人前請代爲問安。方良、緯國及諸侄不一。

　　順祝

　　近祺！

　　廖承　志

　　1982 年 7 月 24 日

**附件三：**

# 蔣夫人發表給廖承志公開信

## （1982 年 8 月 17 日）

### 蔣　宋　美　齡

廖承志為先烈廖仲愷先生之
哲嗣，自幼即思想左傾，而
加入共產匪黨，抗日時期，
幾度為政府逮捕，夫人為顧
世誼及承志幼年失怙，而不
時予以照顧、指導……編者

承志世姪：7 月 24 日致經國函，已在報章閱及。經國主
政，負有對我「「中華民國」」賡續之職責，故其一再聲言「不
接觸，不談判，不妥協」，乃是表達我「「中華民國」」、中華
民族及中國「中國國民黨」浩然正氣使之然也。

余閱及世姪電函，本可一笑置之。但念及五十六七年前
事，世姪尚屬稚年，此中真情肯綮，殊多隔閡。余與令尊仲
愷先生及令堂廖夫人，曩昔在廣州大元帥府，得曾相識，嗣
後，我總理在平病況阽危，甫值悍匪孫美瑤在臨城綁劫藍鋼
車案後，津浦鐵路中斷，大沽口並已封港，乃祇得與大姊孔
夫人繞道買棹先至青島，由膠濟路北上轉平，時逢祁寒，車
廂既無煖氣，又無膳食飲料，車上水喉均已冰凍，車到北平

前門車站，周身既抖且僵。離滬時即知途程艱難，甚至何時或可否能如期到達目的地，均難逆料，而所以趕往者，乃與總理之感情，期能有所相助之處，更予二家姊孫夫人精神上之奧援，於此時期中，在鐵獅子胡同，與令堂朝夕相接，其足令余欽佩者，乃令堂對總理之三民主義，救國宏圖，娓娓道來，令余驚訝不已。蓋我「中國國民黨」黨人，固知推翻滿清，改革腐陳，大不乏人，但一位從未浸西方教育之中國女子而能了解西方傳來之民主意識，在五十餘年前實所罕見。余認其為一位真正不可多得之三民主義信徒也。

再者，令尊仲愷先生乃我黃埔軍校之黨代表，夫黃埔乃我總理因宅心仁恕，但經多次澆漓經驗，痛感投機分子之不可恃，決心手創此一培養革命精銳武力之軍校，並將此尚待萌芽之革命軍人魂，交付二人，即是將校長之職，委予　先總統，以灌輸革命思想，予黨代表委諸令尊，其遴選之審慎，自不待言。觀諸黃埔以後成效，如首先敉平陳迥明驍將林虎、洪兆麟後，得統一廣東。接著以北伐進度之神速，令國民革命軍軍譽鵲起，威震全國，猶憶在北伐軍總司令出發前夕，余與孫夫人，大兄子文先生等參加黃埔閱兵典禮，先總統向學生訓話時，再次稱許廖黨代表對本黨之勳猷（此時廖先生已不幸遭兇物故，世姪雖未及冠，已能體會失怙之痛矣。）

再次言及仲愷先生對黃埔之貢獻時，　先總統熱淚盈眶，其真摯慟心，形於詞色，聞之者莫不動容，諒今時尚存之當時黃埔學生，必尚能追憶及之。余認為仲愷先生始終是總理之忠實信徒，真如世姪所言，為人應「忠孝兩全」，倘謂仲愷先生乃喬裝為三民主義及總理之信徒，而實際上乃為潛伏「中國國民黨」內。則廖氏父子二代對歷史豈非茫然自失，

將如何作交代耶？此意尚望三思。

　　再者在所謂「文化大革命」鬥臭、鬥垮時期，聞世姪亦被列入鬥爭對象，虎口餘生，亦云不幸之大幸，世姪或正以此認為聊可自慰。

　　日本讀賣新聞數年前報導，中共中央下令對全國二十九省市，進行歸納，總結出一「正式」統計數字，由 1966 年開始，到 1976 年十年之內，被迫害而死者有二千萬人，波及遭殃者至六億人。雲南省、內蒙古等地，有七十二萬七千名幹部遭到迫害，其中三萬四千人被害致死。

　　「北京日報」亦曾報導，北京市政府人員在「文革」中，就有一萬二千人被殺，共黨高層人物，如劉少奇、彭德懷、賀龍等人，均以充軍及飢餓方式迫死，彼等如九泉有知，對大量幹部自相殘殺，豆萁相煎之手段，不知將作何想法？毛澤東老奸巨黠，為其個人之尊榮，使盡屠沽流寇作風，歷史將如何評判？須知嘉興南湖十二共黨首領中之陳公博、周佛海最後自毀個人歷史，均尚能漸悟蘇聯式共產主義草菅人命，殘暴行為，正禍及全國，乃自動脫黨。三十餘年來，大陸生靈塗炭之鉅，尤甚於張獻忠、李自成數十百倍，未知世姪有動于衷乎？昔黃巢礫殺八百萬，聞者莫不咋舌，外人且以其較俄帝伊凡之畜生行為尤甚。今自共黨在大陸僭政以來，美國時代雜誌即曾統計遭其殺戮迫害而死者近五千萬生命，以此數額與全世界殺人魔王相比擬，彼等均有遜色，毛酋變本加厲，確如斯魔名言，「一人死可悲，千萬人死乃一統計。」世姪所道「外人巧言令色」，旨哉斯言，莫非世姪默詆奸邪之媚外乎。

　　相對言之，「中華民國」開國以還，除袁世凱之卑鄙覬覦

野心失敗外，縱軍閥時代，亦莫敢竄改國號，「中華民國」自國民政府執政以還始終以　國父主義及愛國精神為基據，從未狎褻諛外，如將彼等巨像高懸全國，靈爽式憑，捧為所宗者，今天有正義感之猶太人尚唾棄其同宗之馬克思，乃共黨竟奉之為神明，並以馬列主義為我中華民族之訓條，此正如郭沫若宣稱「斯太林是我的爸爸」實無恥之尤，足令人作 3 日嘔。

　　國學大師章太炎為陳炯明撰墓誌，謂我　總理聯俄容共鑄成大錯，「中國「中國共產黨」」曲解　國父聯合世界上以平等待我民族之要旨，斷章取義，以　國父容共一詞為護身符，因此諱言　國父批牘墨跡中曾親批「以時局誠如來書所言，日人眼光遠之人士，接主結民黨，共維東亞大局；其眼光短少之野心家，則另有肺腑也；現在民黨，係聯日為態度。」此一批示顯見：（一）總理睿知，已洞察日本某些野心家將來之企圖；（二）批示所書「現在」民黨當以聯日為態度，所言亦即謂一切依國家之需要而定。聯日聯俄均以當時平等待我為準繩。當時日本有助我之同情心，故總理乃以革命成功為先著，再者毋忘黃花崗七十二烈士中，有對中山先生肝膽相照之日本信徒為我革命而犧牲者。世姪在萬籟俱寂時，諒亦曾自忖一生，波劫重重，在抗戰前後，若非先總統懷仁念舊，則世姪何能脫囹圄之厄，生命之憂，致尚希冀三次合作，豈非夢囈？又豈不明黃台之瓜不堪三摘之至理耶？

　　此時大陸山頭主義更為猖獗，貪污普遍，賄賂公行特權階級包庇徇私，姜姜疊聞；「走後門」之為，也牲牲（註「牲牲」眾多也。）皆是，禍在蕭牆，是不待言，敏若世姪，抑有思及終生為蟒螫所利用，隨時領導一更，政策亦變，旦夕

為危，終將不免否？過去毛酋秉權，一日數驚，鬥爭侮辱，
酷刑處死，任其擺佈，人權尊嚴，悉數蕩盡，然若能敝帚自
珍，幡然來歸，以承父志，澹泊改觀，養頤天年，或能予以
參加建國工作之機會。倘執迷不醒，他日光復大陸，則諸君
仍可冉冉超生，若願欣賞雪竇風光，亦決不必削髮，以淨餘
劫，回頭是岸，願捫心自問。款款之誠，書不盡臆。順祝
　安諡。
蔣宋美齡

國家圖書館出版品預行編目資料

中國文化與西方文明：從臺灣人的移民性格
談起 / 魏萼-初版. -- 臺北市：文史哲，民
97.05
　頁：　公分.（文史哲學集成；547）
含參考書目
ISBN 978-957-784-2 (平裝)

　1. 文化　2. 國民族　3. 臺灣

638　　　　　　　　　　　　97008356

文史哲學集成　　547

# 中國文化與西方文明
## ― 從臺灣人的移民性格談起

著　　　者：魏　　　　　　萼
出 版 者：文　史　哲　出　版　社
http://www.lapen.com.tw
登記證字號：行政院新聞局版臺業字五三三七號
發 行 人：彭　　　正　　　雄
發 行 所：文　史　哲　出　版　社
印 刷 者：文　史　哲　出　版　社
　　　　臺北市羅斯福路一段七十二巷四號
　　　　郵政劃撥帳號：一六一八○一七五
　　　　電話886-2-23511028・傳真886-2-23965656

### 實價新臺幣 二八○元
中 華 民 國 九 十 七 年 （2008） 六 月 初 版